自學紫微斗數
看完這本就會算

了然山人——著

增訂版序

時光荏苒，山人這本灌注數十年研究心得的作品（原書名：紫微星詮），自2016年上市以來，承蒙各位同道好友的支持鼓勵，一直保持不錯的銷售成績。同時也感謝許多先進前輩的不吝指正，本書成冊迄今，經歷多次增修訂及改版，期能讓此書內容更加完備。

這本作品，是紫微斗數自希夷先生創術以來數千年，第一本提出相關證據，證明紫微斗數確實符合真實天文星象與曆法的一門專業占星學，其所運用的星曜，都真實存在於星空之中，並非一般認知全然由易理演化而來的虛星。

也期待藉由本書系統化的說明介紹，能夠還原紫微斗數的本來面貌，不再被許多沒有來由且荒誕不稽的理論給曲解誤導，讓許多有志於此術的同好無所適從。加上現今科技進步，民智已開，唯有將紫微斗數科學化，現代化，從天文科學及曆法的角度出發，破除迷信與不科學的傳統思維，才能讓這門獨一無二的文化資產，得以跟隨時代而進化，永續流傳。

紫微斗數有多麼特別呢？他是全世界占星術中，唯一不採用太陽及行星，而是紫微星（北極星）、北斗七星、南斗六星以及其他恆星（黃道周邊諸星煞、神煞）來做論斷的專業占星術，是希夷先生獨步世界的發明，占星學上的偉大創作。對華人來說，是老祖宗留下來相當珍貴的文化資產，也期待在大家的共同努力下，讓這門源於東方，獨一無二的紫微斗數占星學能夠永續流傳。

感謝台灣紫微斗數界泰斗 — 蔡上機大師、中華民國紫微斗數協會理事長 - 曾正興大師以及馬來西亞大梦派紫微斗數 — 大梦大師惠予贈序。也感謝各位同道好友這十幾年來的支持與鼓勵，讓我們一起為紫微斗數的傳承與進化而努力。

了然山人

2023. 3. 11 於北投自宅

蔡上機大師　序

命理界的翹楚，同道中的好友〈了然山人　陳平〉大師！是，業界相當專業的紫微斗數及東方星象占星學家！

陳平大師畢生醉心於紫微斗數及東方星象占星命理學術的研究，歷年來發表不少著作。

是當今業界標竿、指標性的代表人物，長年來，將其所學與研究的精華碩果，不吝公諸於世，實令人敬佩！多年來，進到命理業界的人士，如雨後春筍，汗牛充棟、良莠不齊，魚目混珠、寄生業界。民眾並非專業，真難以辨識命理業界所有人士的專業水平。

而陳平大師對於紫微斗數及東方星象占星研究的水平層次，和層度層級，並不是一般二三流的同業能媲美，更不能與陳平大師相提並論！陳平大師今將以往珍貴之著作《紫微星詮》，再經歷累積多年的功力及精粹，將原著再訂正，讓其書文大著再進化精實，歷久彌新。

在此，特為，同道好友陳平大師《自學紫微斗數，看完這本就會算》（《紫微星詮》2023訂正版之大作），重新問世，讚序！

蔡上機　2023. 4. 15

真觀主人 序

紫微斗數此一學術始創於宋朝陳希夷祖師，其內容的確博大精深，尤是其著作《紫微斗數全書》，由於此書對於人生旅程有著精確的推斷，因此，此書歷代至今更是學習紫微斗數的學者、同好不可或缺的一本書籍。

作者陳平先生道號了然山人，精研五術，更是當代紫微斗數名家，今日將其原著作《紫微星詮》再次增訂出版，並更名為《自學紫微斗數，看完這本就會算》，其內容除了依據《紫微斗數全書》外，其所提出的「九品觀星法」更是讓學習紫微斗數的同好，從艱深的賦文詞語中深入淺出不再生澀，從前只有術士老師們才懂的律則，此書可以讓同好們更容易明白理解，造福大家；尤其，此書對已有基礎的讀者提昇推衍能力上很有幫助，對剛入門之初學者更是一本啟蒙的好書。

《自學紫微斗數，看完這本就會算》是陳平大師累積數年心得結晶的著作，今日再次增訂出版，肯定會讓您玩味無窮，值得真心推薦，也希望此書能得到同好者的回響。

中華民國紫微斗數協會創會理事長　曾正興　癸卯年仲春

大夢 序

紫微斗數自宋朝陳希夷道長創立迄今，歷千餘年而不衰，其精妙且神准的論斷法，讓此術增添許多神秘的色彩，也因此紫微斗數長期被譽為『天下第一奇術』，總是讓許許多多跟我一樣的後學者，努力研究學習。

跟了然山人（陳平）老師的緣分始於 2018 年在臺灣一場聚會，席間還有另一名梁派飛星大師 - 周星飛，也因為這次的『華山論劍』，我們三人成了好朋友，因為我們都認為，紫微斗數雖然流派眾多，各有其擁護者，但不管是哪一種技法，我們都有相同根源，在傳統命理學說逐漸式微之時，更應該團結合作，為這門華人世界第一奇術 - 紫微斗數的傳承盡最大的心力。

席間，翻了了然山人老師贈書裡面其中一本，在 2014 年校訂完成由紫微斗數創始人希夷先生所著作的『紫微斗數全書』時，我向他表示在這本書卷四的的命譜案例，星盤排列錯誤很嚴重，幾乎無法研讀。

但陳老師打開書籍讓我看，原來這本紫微斗數全書，在他細心的修訂校正後，在這個版本中，不管是卷四的的命譜星盤還有原本殘缺難懂的字句，已接近完美的完成修正完成。這本書著實讓我大吃一驚，讚歎他對於書中許多錯誤以及爭議處，做出如此細膩的修正，可見陳老師的紫微斗數深厚的功力，真的很讓人佩服。

對於這本書（原書名：紫微星詮）最讓人感興趣的地方，就是陳老師在第二章開始從北極星（紫微星）以及北斗七星的介紹，逐步且有次第的分享了他對於紫微斗數是實星且符合天文科學曆法的論述，並提出許多科學上的證據來佐證。這真的是自紫微斗數流傳以來，第一本認為紫微斗數是實體星曜的作品。

書中許多關於天文星系以及彼此之間對應關係的解釋讓我增加了許多以前沒有接觸過的理論。而書中最讓我感到驚訝的是，陳老師獨創的『九品觀星法』，確實是一種相當適合實戰運用的論命方式。此法把原本繁瑣三合派的論命技法，用系統及圖表這種簡單的方式呈現出來，正所謂『大道至簡』我想在這本書可以得到印證。

此法屬於比較正統的三合派技法，以命宮為基準，三方為次，以判斷格局高低與判斷星曜吉凶的這兩個角度出發，在系統化的歸類下，據以判讀出紫微命盤的高低優劣。真的能讓學者在極短時間完成繁複的命盤判讀，讓人相當佩服。

記得希夷先生在太微賦裡有云：斗數至玄至微，理旨難明，雖設問於各篇之中，猶有言而未盡，至如星之分野，各有所屬。陳老師這本作品對於紫微斗數基礎理論還有星系分類解釋法。真的很完美的詮釋這段記載。

能在這本作品正式付梓之前，搶先展讀了然山人(陳平)老師的大作，實感榮幸。此書內容深入淺出，條理分明清晰，實在是紫微斗數愛好者，不可錯過的作品。

大夢派紫微斗數作者　大夢　敬序

2023.3.20

自序

紫微斗數，自宋朝希夷先生創術以來，一直以秘傳的方式流通，直至明朝才由地理堪輿學家-羅洪先狀元發現，並發揚光大，演化到目前我們熟知的紫微斗數。

紫微斗數，其實從名稱就可以知道，是一門中國星象學，紫微，指的是紫微星，斗，指的就是大家熟悉的南北斗星。如果缺少了「星的要素」，那麼紫微就不成術了。如果您曾翻閱過古籍，便能清楚知道，正統的紫微論命，是論星，論格局，論廟旺利陷，宮與星生剋制化關係，星曜纏度等。反倒對於大家所熟悉的「四化」，鮮有著墨。

而在紫微斗數古籍裏，多少都有出現中國古星象學-七政四餘的影子，雖說此術與五星(五星即為七政四餘)大不同，但其根源相同，都是以星曜為主體的論命法。從論斷法與推演技巧，再再都詮釋了紫微斗數的本質，就是星象學。所以學習紫微斗數，必須回歸到他的本質-星曜，才能真正深入此術的精華。

中國是個相當有趣的國家，朝廷設有專門觀測星象的天文官－欽天監，但卻嚴禁民間學習天文星象，造成正統星家理論，幾乎失傳。例如果老星宗的七政四餘術，其理論及精確度，都不輸西方占星學，甚為可惜。而殘存能繼續流通的星術，大概只剩紫微斗數而已。

而由於此術在本質上屬於星象學，與一般流傳的祿命論斷法大不同，重的是三方四正及星曜本質，又因為此術為占星學，直接取天文星象來論斷，因此奇準無比，是故此術又被譽為「天下第一奇術」，確實是其來有自。

雖然紫微斗數流通時，因皇帝禁習天文的時代背景下，混雜了許多數術論點，但並未完全失真，屬於星家特有的論斷技巧千百年來從未有過更動。而著名的「河圖洛書」等易數，在現今流傳的所有紫微斗數古籍中，並未出現過。

以此觀之，不論是創術者或是歷代斗數先賢前輩，仍盡力的保留了星家理論的骨幹與特質，只待後學者，追本溯源，逐步還原其本來面貌。是故山人十幾年來一再強調：**學習紫微斗數，僅需知道基本的干支生剋，學習心力應該放在星曜上，才**

能學好這門古星象學。

學習任何知識，如不追本溯源，那學的再久，研究的再通透，都不能真正了解這門學問的底蘊，也都在人云亦云，抄來抄去罷了。山人經常說：如果你知道料理的本體是一隻魚，那麼你就能演變出千百種料理法；但如果你認為，那只是糖醋魚，那麼你一輩子，就只會做一種魚，叫作糖醋魚。不去看清學問的本質，不去考究深入其成因，知其然而不知其所以然，那麼，真相，永遠看不到，真理，永遠搞不清。

註：本書內容係以山人在網路上的免費紫微斗數教學視頻內容為基礎，加以闡釋演繹說明，並添加了許多新的元素。建議同好可以與視頻教學課程一起學習，閱聽並用，定能收到良好的學習成果。

教學視頻網址：http：//www.youtube.com/arena6975

了然山人 2018/1/15

目錄

第一章

紫微斗數概論

第一章 紫微斗數概論

1-1 紫微斗數的由來

紫微斗數，一直以來，都是以秘傳的方式流通，此術又被尊為「天下第一奇術」，因在流傳的祿命法中（例如：子平八字，鐵版神算等）幾乎都以河圖洛書所衍生的術數法來推論人命，而以星象學手法來進行命運推演的技巧，在中國命學發展的歷史上，確實相當少見，且其占驗準確度相當高。故有如此尊稱。

其實若您對中國的七政四餘有一點了解，就知道，中國在天文學及星象學上的深度與廣度，比起西方占星學毫不遜色，一樣都講究精確度，而系出同源的紫微斗數也是如此。所以現行普遍流通的古籍，不管是清朝木刻版紫微斗數全集或是明朝的紫微斗數全書，都是以星象學的手法來闡述推演技巧，因此紫微斗數，就是道道地地的星象學。

此術據傳是由北宋初年的陳希夷先生所創造，由明朝羅洪先狀元自希夷先生十八代，道號了然的後人手上得到此術，並加以發揚光大，一直流傳至今。

而紫微斗數，這個名稱，到底是怎麼來的呢？如前所述，紫微斗數是中國傳統的星象學，所以，當然要從這個方面來聯想。所以呢，這個名稱，要區分成三個部分，一是紫微，二是斗，三是數。其中，紫微指的就是紫微星，斗指的就是南北斗星曜，數指的就是祿命術。

所以紫微斗數合起來的意思就是，以

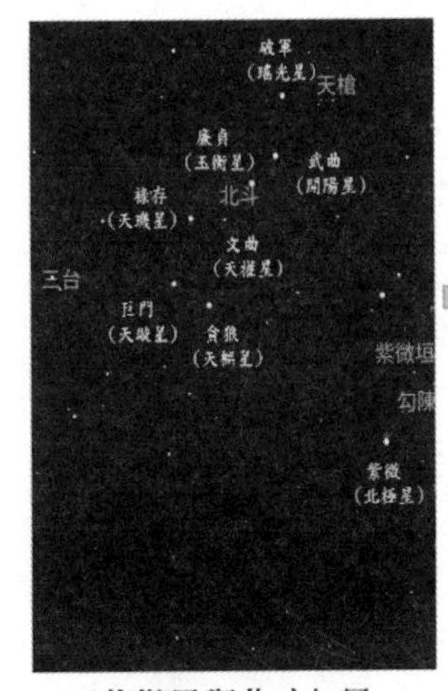

紫微星與北斗七星

南斗六星(斗宿)

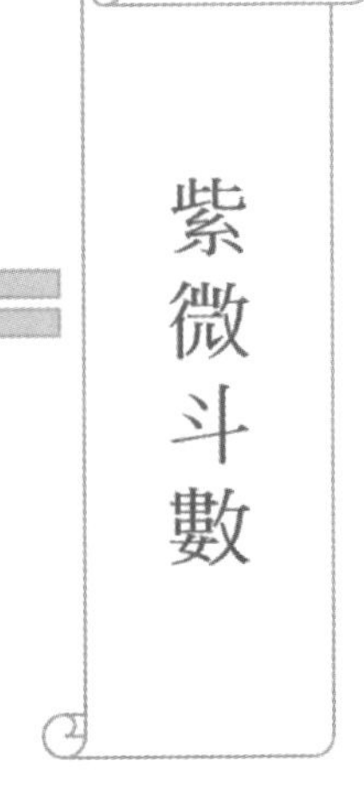

紫微星為主加上南北斗星曜而成的祿命術。就是這麼簡單，在名稱上，創術人-希夷先生，已經清楚的告訴所有後學者了，紫微斗數，是以星曜為主體的一門學術。所以本書，將以正統的星家觀點，帶領各位同好，踏進千年流傳的中國星象學殿堂。

註：有關紫微斗數排盤部分，並未收錄於本書中，有興趣學習者，歡迎參閱線上教學課程，網址如序文底。為回歸星象學本質，是故山人係以100%古籍記載技巧介紹排盤）。

1-2 斗數群星

上一節提到，紫微斗數就是以星曜為主體的一種祿命法，當然，一定得從星曜來介紹。而斗數星曜相當多，除了主體的紫微星及南北斗星之外，還加上了許多星曜及神煞，經常搞得大家「霧煞煞」。

而紫微斗數，是以星曜為主體，所以確實掌握星性，是學好紫微斗數的不二法門，但也因為星曜眾多，讓很多有心的同好，打了退堂鼓。

其實，組成紫微斗數星群的星曜雖多，仔細區分後，也只有六大類型：十四正曜、六吉星、六煞星、二副星、四化星及雜曜神煞類，抓住大方向，化繁為簡，就是學習此術，最好的方法。因此，山人就要以這六大分類，逐步為各位做個簡單的介紹吧。

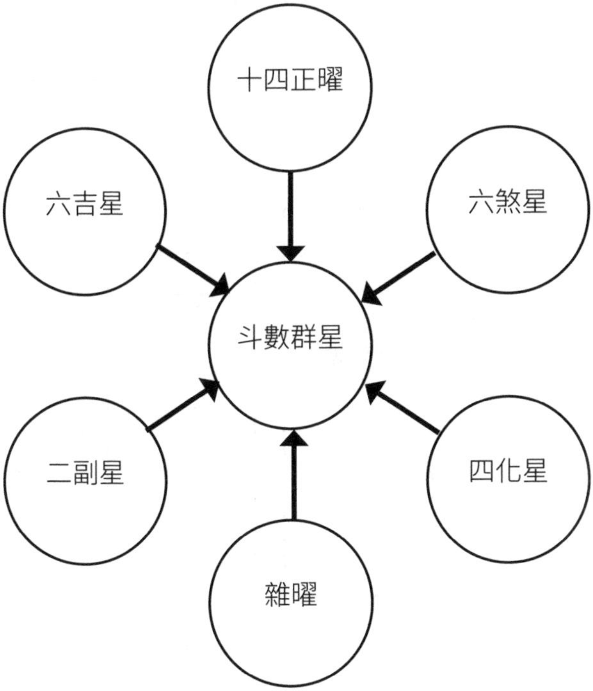

紫微斗數六大類星曜

1-2-1 十四正曜

提到紫微斗數，第一個要認識的，就是十四正曜，這是一切的本體。看完前面的介紹，相信大家都應該可以猜到，十四正曜包括哪些星了吧！當然第一個就是紫微星，再來就是南北斗星加上中天星系的太陽太陰。為便於區分，故將祿存歸入副星，文昌、文曲星列入六吉星，故此系星曜共計十四顆，又稱十四正曜。

十四正曜

祿存星歸至副星，文曲星，歸至六吉星	北斗星系	中天星系	南斗星系	文昌星歸至六吉星
	貪狼 巨門 武曲 廉貞 破軍	紫微 太陽 太陰	天府 天梁 天機 天同 天相 七殺	

1-2-2 六吉星

六吉星，顧名思義，就是帶來吉祥如意的星曜，這類星曜共有六顆，兩兩一組，分別為：天魁、天鉞、文昌、文曲、左輔、右弼。

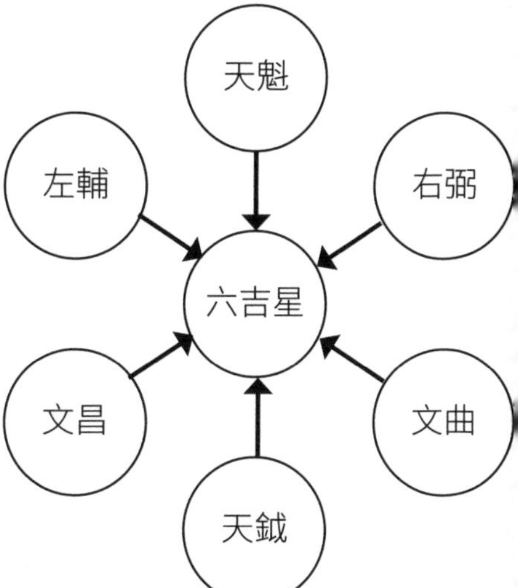

1-2-3 六煞星

六煞星，顧名思義，就是帶來災煞，不如意的星曜，此類型星曜共有六顆，兩兩一組，分別為：擎羊、陀羅、火星、鈴星、地空(天空)、地劫。

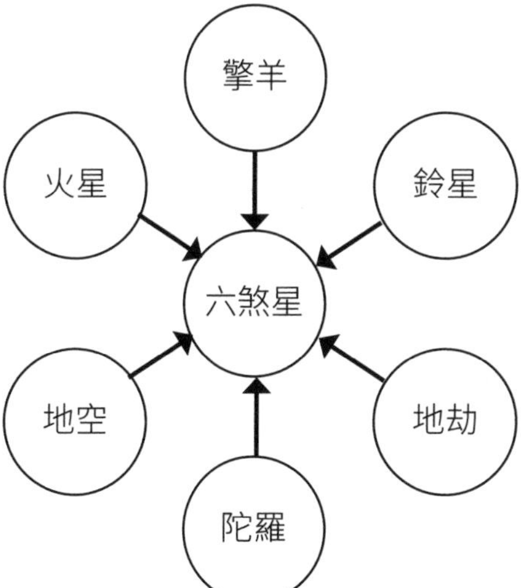

六吉星
天魁
左輔
右弼
文昌
文曲
天鉞

六煞星
擎羊
火星
鈴星
地空
地劫
陀羅

1-2-4 四化星

四化星，顧名思義就是四顆由主星在不同天干影響下改變星曜其特性的符號，區分為：化祿、化權、化科、化忌四類。由於四化星附屬於主星，其性質隨著主星曜而改變，在星盤上，不能獨立存在，這是很重要的概念。

1-2-5 二副星

二副星，指的就是天馬與祿存這兩顆星曜。這兩顆星曜，重要性不及十四正曜、六吉星、六煞星，但在星盤判識時，相當重要，是故以副星稱之。

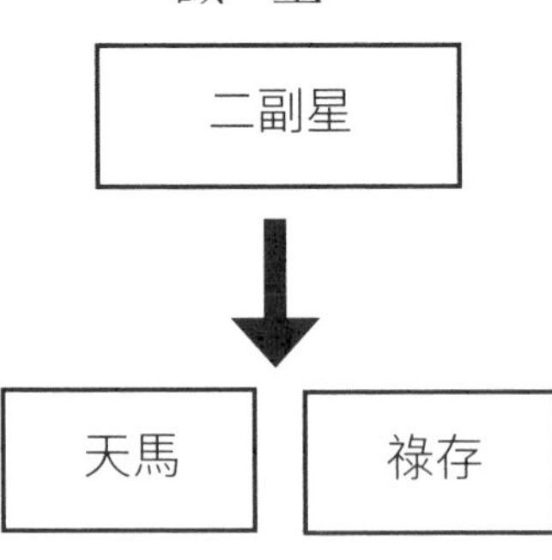

1-2-6 雜曜

說到雜曜，大概最讓人頭痛，因為數量相當多且不易理解，有人依重要性將其區分為A、B、C、D、E級，還有許多的區分法。其實，按照星曜的性質分類，也只有十大類：桃花類、神煞類、孤剋類、空曜類、貴曜類、健康類、消災解厄類、才藝類、精神類、賞賜類等。畢竟紫微斗數是星象學，注重的是星曜特性，談的就是星曜，所以學習時應該回歸星曜本質來分類理解及記憶，才是正確的學習方法。茲分述如下

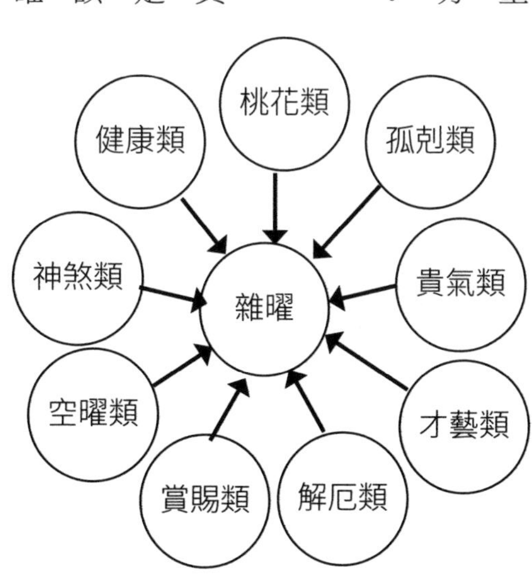

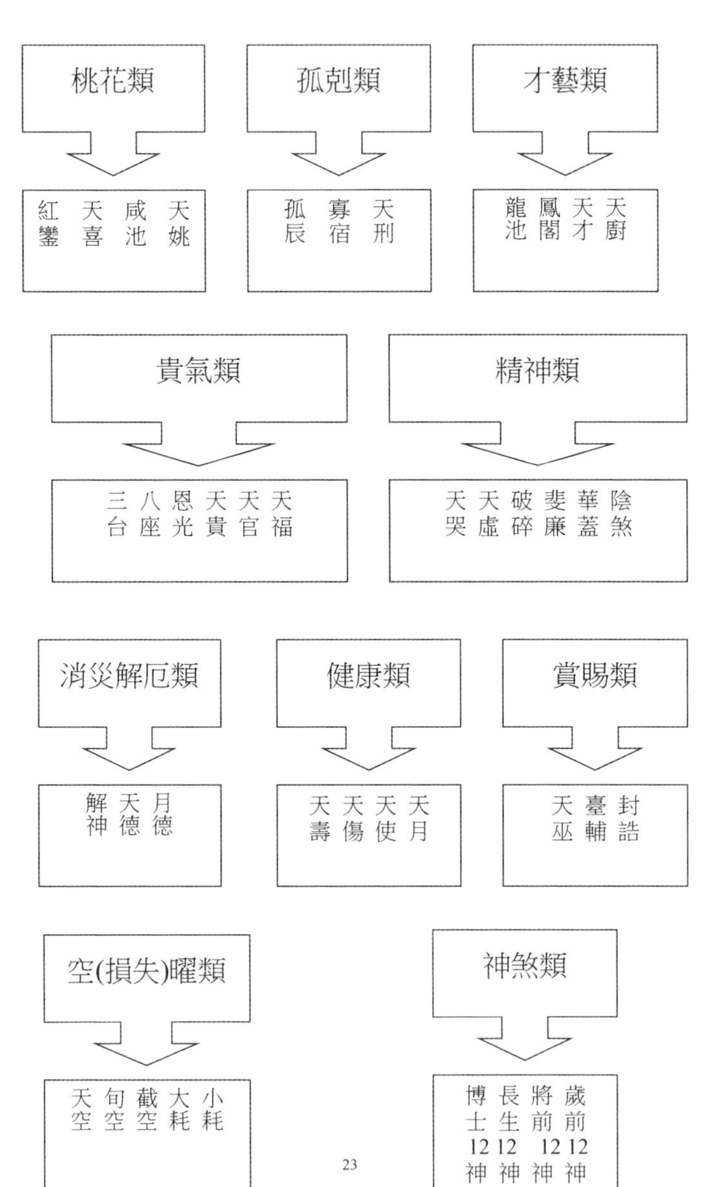

桃花類
紅鑾 天喜 咸池 天姚
孤剋類
孤辰 寡宿 天刑
才藝類
龍池 鳳閣 天才 天廚
貴氣類
三台 八座 恩光 天貴 天官 天福
精神類
天哭 天虛 破碎 蜚廉 華蓋 陰煞
消災解厄類
解神 天德 月德
健康類
天壽 天傷 天使 天月
賞賜類
天巫 臺輔 封誥
空(損失)曜類
天空 旬空 截空 大耗 小耗
神煞類
博士12神 長生12神 將前12神 歲前12神
23

一、紫微斗數概論

第二章

紫微斗數之天文曆法基礎

第二章 紫微斗數之天文曆法基礎

2-1 紫微斗數之天人感應原理－引力與頻率

紫微斗數及中西方所有常見的占星學（星命學），如：七政四餘、西洋占星、印度占星等，都是依據出生年月日以及出生時間（生辰八字）來排列出相對應的占星盤，進而從星曜在人事十二宮的分布狀況來推理論斷命主一生的富貴貧賤及行運狀況。

為什麼占星學會用出生年月日時來做基礎呢？因為地球繞著太陽公轉且自轉，在不同的季節與時間，天體星曜分布狀況也有不同，也因為多數人的出生時間不同，所以都會擁有屬於自己的占星盤，簡單來說，命理老師或APP程式為您排出的占星盤就是你出生當時，天體星曜的分布狀況。占星學就是利用星辰與人之間的「天人感應」關係，來做推理預測。到底，這所謂的天人感應到底是甚麼，怎能如此準驗，未卜先知？難道真如眾多玄學家所說的跟所謂的神鬼抑或是外星人有關？

在科技昌明，民智大開的現代，神鬼之說早已被視為過往的封建迷信。那麼對於占星學強調的「天人感應」，是否有更好且更符合科學的解釋呢？有的，就是引力及頻率。

依據牛頓的萬有引力定律，任意兩個質點都會有相互吸引的力量。該吸引力的大小與它們的質量乘積成正比，與它們距離的平方成反比。

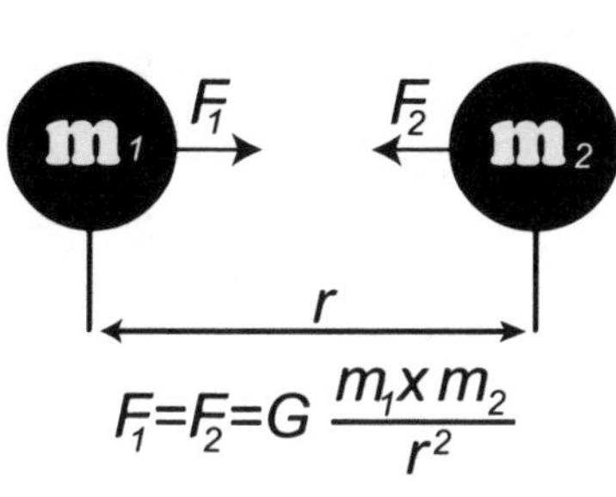

$$F_1=F_2=G\frac{m_1 \times m_2}{r^2}$$

F1、F2表示兩個物體之間的萬有引力

G是萬有引力常數

m1及m2是兩個物體的質量

r是兩個物體的距離

而宇宙中所有的星體，不管是行星或者是恆星，都擁有質量與加速度，故依據牛頓第二運動定律 F=ma（F是外力，m是質量，a是加速度），因此我們可以得知所有的星體都有一種「引力及頻率」存在，因此這種「力場」遍佈於整個宇宙之中。

基於對萬有引力及牛頓第二運動定律的了解，我們就可以解釋，為什麼太陽系的行星，都會繞著太陽周而復始的運行，而越外側的行星（如被占星學視為外行星的：木星、土星及三王星）繞行太陽速度越慢而越靠近太陽內側的行星（如被占星學視為內行星的：水星、金星、火星）繞行速度較快。又行星與行星彼此之間的行進軌道又保有一定的距離，所以不會產生碰撞的現象。

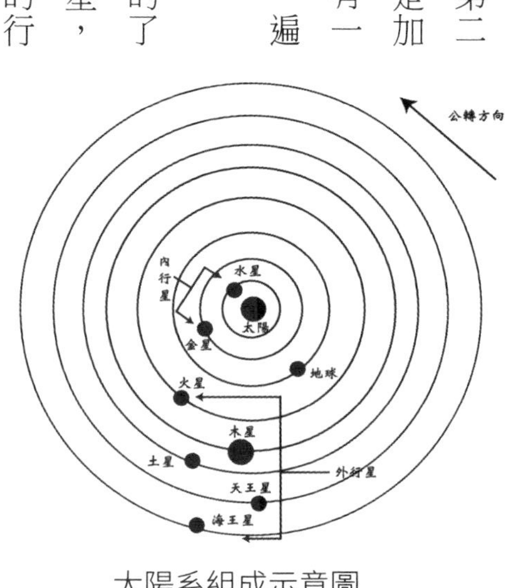

太陽系組成示意圖

這就是中西星命學最基礎概念：天人感應背後醞藏的科學原理，也是足以解釋命學、星占學會準驗的原因。我們舉個簡單且真實的例子來說明，相信各位就能理解。

我們都知道，地球每逢農曆初一、十五必定有滿潮的現象，造成這個現象的原因，就是因為太陽、月球與地球之間引力關係改變的結果。我們都知道，由於地球、太陽、月亮之間由於萬有引力影響，因此地球繞著太陽旋轉而月球又繞著地球旋轉。彼此之間都形成一個近似圓形的軌道，每個月的農曆初一，太陽與月亮呈現占星學上所形容的0度合相，而每個月的農曆十五日，太陽與月亮呈現180度的對沖相。依據相位原理，任兩個粒子在180度反相時，會產生破壞性的干涉結果，對於引力來

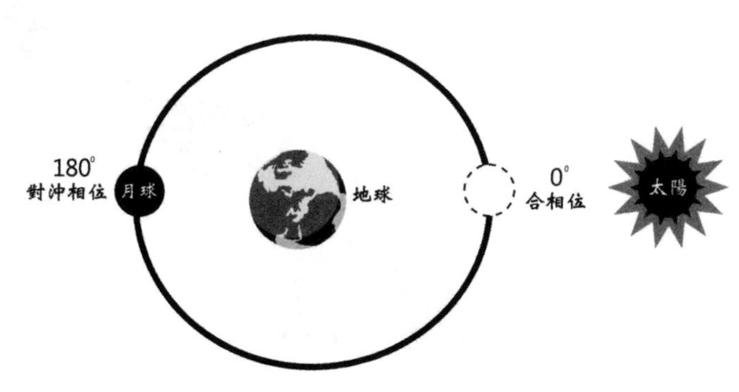

太陽和月亮相位位置圖

說也是如此，因此地球有了滿潮的產生。

試想一個月球，在特定的相位中，其力場的改變，就能將佔了地球超過75％的水給拉高。那我們人呢？別忘了，人體內的水元素可是超過70％，連地球都會受這引力影響，更何況是我們這個血肉之軀？（山人註：所以佛教勸戒大家在農曆初一、十五都要茹素，真的是有他科學根據的。）

而月球相較於其他的行星，是相當小的星體。那如果是體積更大的木星、土星跟地球之間也呈現類似的特定相位呢？那麼對地球還有人類的影響絕對比起月球還大到讓人難以想像。而這不就正是全世界星命學中所強調的「天人感應」嗎？

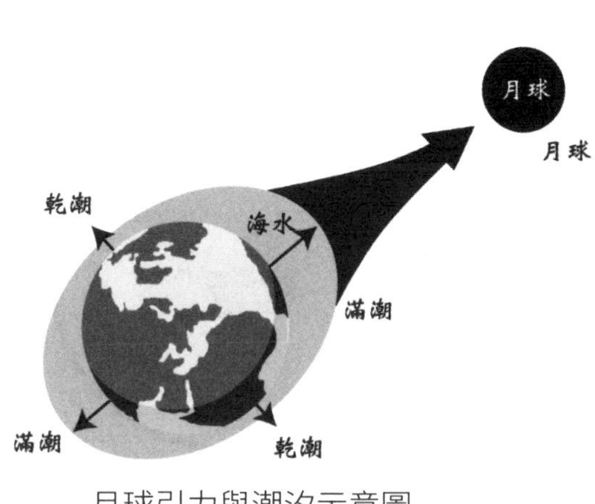

月球引力與潮汐示意圖

而這也是命理會準驗的原因，因為我門無時無刻不受這日月星辰的引力與頻率影響，作出相對應的反應，進而產生相對應的事件。所以我們無時無刻不受這種引力、重力、頻率的影響，不自覺的被牽引著作出相關重大的決定，所以第2、4節談到的相位原理，就是在研究這些引力與頻率在不同的角度，對我們產生的影響是好是壞。這也是命理學術能準確論斷你的過去與未來的主要原因。

2-2 紫微星與北斗七星

在前章提到，紫微斗數，就是以紫微星加上南北斗等星曜為主體來推論祿命的一門占星學，所以正確的認識紫微星與北斗七星等星曜，是相當重要的。因這是一切的根源所在，所以研究紫微斗數，對於紫微星及北斗七星的天文星象，定然要有基本的認識，茲分述如下：

一、紫微斗數之天文曆法基礎

2-2-1 紫微星

紫微星，也許大家聽起來很陌生。其實，這顆星曜就是我們大家所熟知的-北極星。是浩瀚星空中最明亮的一顆星，而此星一直以來為人類辨識方位使用。為此星為何可當成指向的星曜呢？就是因為地球的自轉軸正對著北極星（如圖一），因此，當您仰望星空之時，紫微星，永遠在天空的正中央。

因此古代的中國人，就以紫微星為皇帝的象徵，以此範圍畫出一個圓，就是皇帝、皇后、太子、宮女的居所（如圖二），這個圓之內主要包含了十五顆星，分為左垣與右垣兩列，其中左垣有八星（左樞、上宰、少宰、上弼、少弼、上衛、

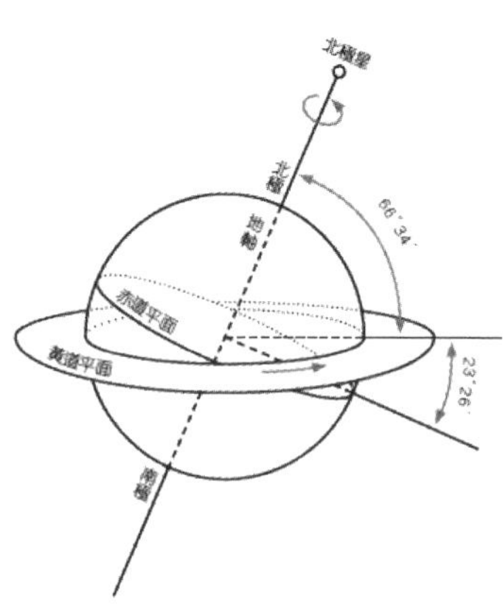

圖一：地球自轉軸與北極星示意圖

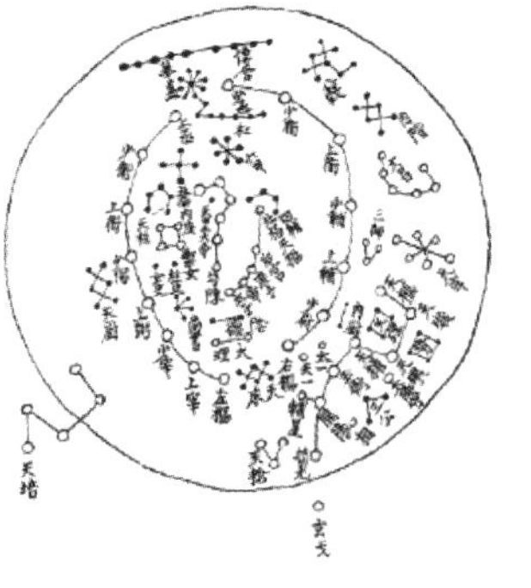

圖二：紫微垣星圖

少衛、少丞）；右垣有七星（右樞、少尉、上輔、少輔、上衛、少衛、上丞），而在這個圓裏所有含蓋的星曜，合稱為「紫微垣」。

正所謂「昊窮無言，示人以象」，指的就是日月星辰之象。無垠的星空，由人們賦予他性格與特性，這就是星象學有趣之處。所以現在大家應該都知道，為何紫微星在紫微斗數中被稱為「帝星」或「帝座」的原因了吧。

2-2-2 北斗七星

北斗七星，是一組位於大熊星座的背部與尾巴的七顆明亮恆星，在星空上的相對位置，就在紫微星（北極星）周邊。北斗七星的星名由斗口至斗杓連線順序為天樞（貪狼）、天璇（巨門）、天璣（祿存）、天權（文曲）、玉衡（廉貞）、開陽（武曲）和瑤光（破軍）。註一

而北斗七星不論在中國古星象學或現代天文學中，都是相當重要的一個星宿。因只要您把斗口的兩顆星連線，延長約5倍遠，就找到了最中央的紫微星，進而辨

識出天體上的所有的星曜。因此在四季認星歌之春夜認星歌有云：「春風送暖學認星，北斗高懸柄指東。斗口兩星指北極，找到北極方向清，獅子橫臥春夜空，軒轅十四一等星，牧夫大角沿斗柄，星光點點照航程」。

註一：

在道教的信仰裡有所謂的北斗七真君，又稱為北斗星神，分別為：天樞宮貪狼星君、天璇宮巨門星君、天璣宮祿存星君、天權宮文曲星君、玉衡宮廉貞星君、開陽宮武曲星君、瑤光宮破星君。意即將天空真實存在的星曜加以神格化。此即為紫微斗數論命術中使用之貪狼、巨門、廉貞等星曜名稱的由來。

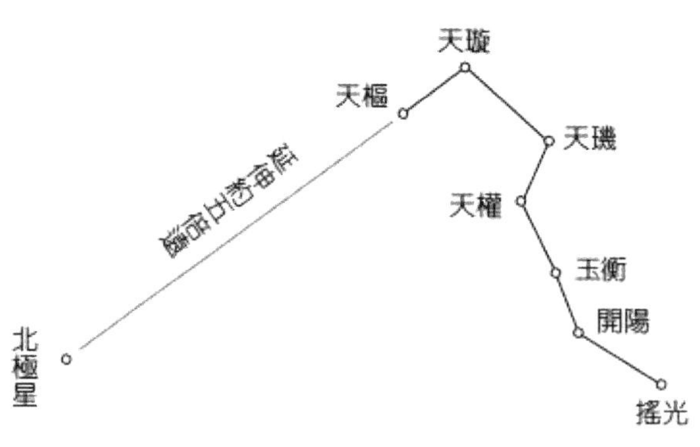

北斗七星與北極星位置圖

2-2-3 紫微星與北斗七星之天體視運動規律

如前所述，北斗七星除了能幫我們找到紫微星，也就是北極星，讓我們能辨識星空之外。北斗七星還有很重要的功能，就是我們能依據他周年及周日視運動規律，來界定出月份、節氣、季節與時間。紫微斗數就是運用這個規律來對應命主的出生月分、日期及時間進而依據真實星體運行及星曜分布入宮的狀況來做預測的祿命術。這也是紫微斗數不論節氣，只論年月日時生的道理所在。

而讓紫微斗數如此特別的原因，就是雖然同為論斷祿命的占星學，但其基礎與全世界所有占星學截然不同，這是紫微斗數創術人-希夷先生獨步世界的偉大創作發明。現在，就讓我們來了解這個紫微星與北斗七星周年與周日視運動規律的真實天文星象，如何啟發了紫微斗數的誕生吧。

（a）周日視運動：

北斗繞紫微星（北極星）一晝夜旋轉一周，每旋轉15°即是1小時，繞行一圈，

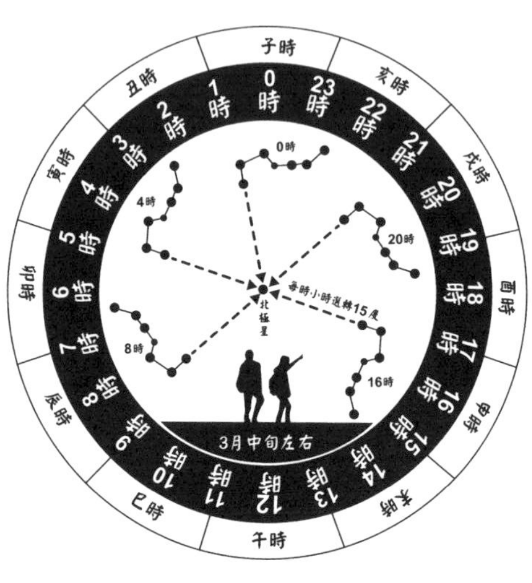

北斗七星之周日視運動

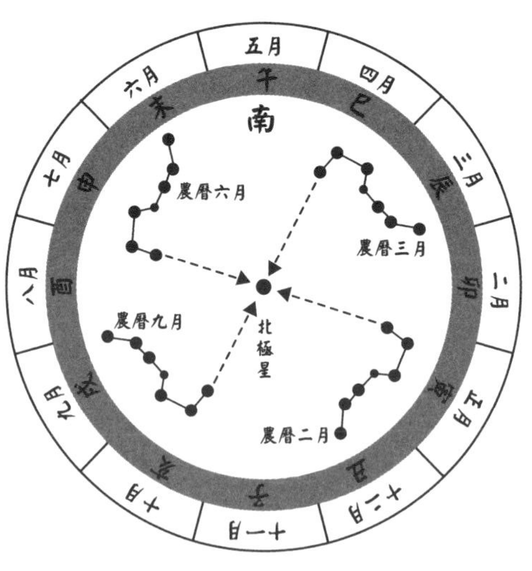

北斗七星之周年視運動

剛好就是我們熟知的24小時（圓周長360度，360/15=24），所以古人用以計時。

（b）周年視運動：

如在夜晚固定時間觀察，北斗星之斗柄方位每天西移1°，每月移動30°，旋轉一周360°後，又回到原處，恰恰是一年十二個月，所以古人用以計日與計月。也可以利用斗柄的指向確定季節及節氣。是故《冠子．環流篇》有云：「斗柄東指，天下皆春；斗柄南指，天下皆夏；斗柄西指，天下皆秋；斗柄北指，天下皆冬。」

2-3 紫微斗數之天文科學及曆法原理

多數的占星學，不論中西方都一樣，都是以真實天體星曜排列或運行狀況來對應人事十二宮，以星入宮觀象，據以推論命運。那麼依據紫微星（北極星）及北斗七星周年及周日視運動規律為基礎的紫微斗數，它的星曜運行、入宮、排列分佈以及命宮與身宮設置等基礎規則，背後的天文科學原理又是甚麼呢？就讓山人逐一的說明與解釋，相信看完山人提出的所有理論與天文科學及曆法上的證據之後，您會對紫微斗數的認知完全改觀，也更能體會紫微斗數祖師爺-希夷先生在「起例歌訣」所說的：**希夷仰觀天上星，作為斗數推人命，不依五星要過節，只論年月日時生。**

一、紫微斗數之天文曆法基礎

這段話背後所隱含的深意。

2-3-1 紫微斗數星曜布設及運行原理

據紫微斗數全書中的太微賦記載：「紫微星曜，司一天儀之象，卒率列而成垣，諸星苟居其垣，若可動移，武曲專司財庫，最怕空亡。帝居動則列宿奔馳」。所以紫微斗數星盤運行的基本規則就是以紫微星為主，率領南北斗星及黃道周邊諸神煞、星煞，周而復始的在人事十二宮依序運行。而紫微星為皇帝居中宮，入寅宮帶領眾星曜運行，所以紫微星居寅宮的星盤，又稱為「紫微斗數基本盤」。

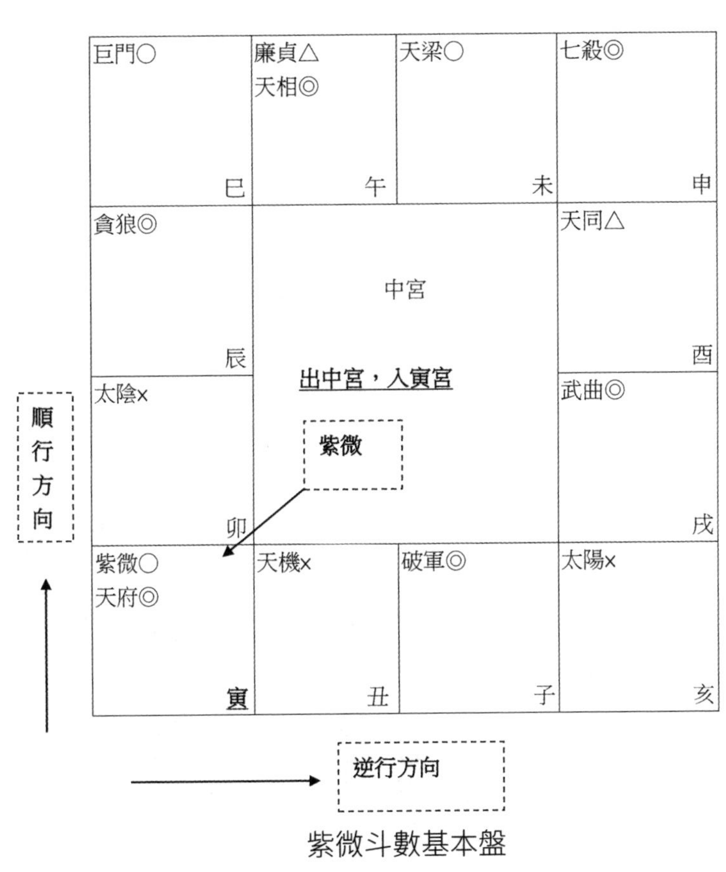
巨門○
巳
廉貞△
天相◎
午
天梁○
未
七殺◎
申
貪狼◎
辰
中宮
天同△
酉
太陰×
卯
出中宮，入寅宮
紫微
武曲◎
戌
紫微○
天府◎
寅
天機×
丑
破軍◎
子
太陽×
亥
順行方向
逆行方向

紫微斗數基本盤

至於為什麼紫微星出中宮後，第一個入的是寅宮呢？那是因為在曆法中，正月建寅，「建」這個字指的就是北斗七星斗柄的指向。也就是說，古代以北斗七星斗柄指向寅方的時刻定為正月（一月）的開始，所以又稱為「斗建」。

紫微斗數正是依據北斗七星的指向來確立月份、日期以及時間，所以當然要按照曆法的規定，自寅建正月，以斗數十二宮來對應曆法上真實的月份，因此紫微斗數的十二宮，真真實實的對應了曆法上的一年十二個月。

而紫微星自寅宮起，依據北斗七星逆行佈星入宮，南斗六星順行佈星入宮之後，自寅宮起，依循紫微星率領北斗七星順行，天府星率領南斗六星逆行的運行規則註二，依序前進一宮，因此紫微星與天府星這兩顆主星，除了在寅申宮兩宮為同宮之外，其餘各宮俱在斜對角彼此對應。

而因星盤只有十二宮，所以最多也只能有十二張基本盤（如附圖紫微斗數十二基本盤）。每個人的命宮，依據出生年月日時的不同，對應在這十二張基本盤的任一宮位，所以紫微斗數總共只有十二個基本盤×十二個宮位＝一百四十四個星盤。

理論上紫微斗數至少會有一百四十四種星群組合作為論斷的基礎。但因為紫微星與天府星自寅宮起分別順逆行，運行至申宮同宮，自此星曜組合就重複了。故紫微斗數經過詳細分析計算分析之後，也只有六十種星群組合，這也就是中州派王亭之大師所強調的「六十星系」。

大家還記得上一節提到的北極星與北斗七星的周年視運動軌跡嗎？當北斗七星斗柄指向寅方時為正月，每移動一度為一天，每移動三十度為一個月，繞行一圈三百六十度為一年。對應到紫微斗數星盤第一宮寅宮，也就是正月，依序計算至亥宮，也就是十二月，亦即每30度為1宮，每宮象徵三十天，故紫微斗數十二宮完全對應曆法上的十二個月，每個月三十天的規律。因此紫微斗數排盤時，起紫微星的依據就是出生日期。

又依據周日視運動軌跡，斗柄繞行一圈為一天，斗數十二宮剛好對應十二時辰，故在紫微斗數排盤時，安命宮及身宮的依據就是出生月份及出生時間（詳2-2-2紫微斗數命身宮佈設之天文科學與曆法原理）。

綜上所述，**紫微斗數就是依據北斗七星斗柄指向來對應命主的出生月日時，並按照真實星空中紫微星與北斗七星、南斗六星、太陽、太陰並納以黃道周邊諸神煞、星煞的真實排列與天體運行規律，以紫微星為中心，諸星曜為臣屬的基礎設定，據以排出紫微星盤，以星曜入宮狀況，來論斷人一生的窮通禍福的一門祿命數。**

因此紫微斗數，跟西洋占星學、印度占星學或七政四餘一樣，運用的都是真實星曜以及真實天文星象與曆法，是一門專業的占星學，並非由易學推演而成的虛星。

註二：

依據紫微斗數全書卷二安南北斗星訣：「紫微天機逆行旁，隔一陽武天同當，又隔二位廉貞地，空三復見紫微郎；天府太陰順貪狼，巨門天相及天梁，七殺空三破軍位，八星順數細推詳」。由此得知，北斗星系由紫微星起以逆行方式佈星入宮，其運行規則為順行；南斗星系由天府星起，順行佈星入宮，而運行規則為逆行。讀者可依據附圖紫微斗數十二基本盤中，紫微在寅宮的星盤逐一推演，便可了解這個相當重要的紫微斗數安星規則。

太陰× 巳	貪狼○ 午	天同※ 巨門※ 未	武曲△ 天相◎ 申
廉貞△ 天府◎ 辰	紫微在子宮		太陽△ 天梁△ 酉
卯			七殺◎ 戌
破軍△ 寅	丑	紫微△ 子	天機△ 亥

廉貞× 貪狼× 巳	巨門○ 午	天相△ 未	天同○ 天梁× 申
太陰× 辰	紫微在丑宮		武曲△ 七殺○ 酉
天府△ 卯			太陽※ 戌
寅	紫微◎ 破軍○ 丑	天機◎ 子	亥

巨門○ 巳	廉貞△ 天相◎ 午	天梁○ 未	七殺◎ 申
貪狼◎ 辰	紫微在寅宮		天同△ 酉
太陰× 卯			武曲◎ 戌
紫微○ 天府◎ 寅	天機× 丑	破軍◎ 子	太陽× 亥

天相△ 巳	天梁◎ 午	廉貞△ 七殺◎ 未	申
巨門× 辰	紫微在卯宮		酉
紫微○ 貪狼△ 卯			天同△ 戌
天機△ 太陰○ 寅	天府◎ 丑	太陽× 子	武曲△ 破軍△ 亥

附圖 紫微斗數十二基本盤 -1

天梁╳ 巳	七殺○ 午	未	廉貞◎ 申
天相△ 紫微△ 辰	紫微在辰宮		酉
天機○ 巨門◎ 卯			破軍○ 戌
貪狼△ 寅	太陰◎ 太陽※ 丑	天府◎ 武曲○ 子	天同◎ 亥

紫微○ 七殺△ 巳	貪狼○ 午	未	申
天機△ 天梁◎ 辰	紫微在巳宮		廉貞△ 破軍╳ 酉
天相╳ 卯			戌
太陽○ 巨門◎ 寅	武曲◎ 貪狼◎ 丑	太陰◎ 天同○ 子	天府△ 亥

天機△ 巳	紫微◎ 午	未	破軍△ 申
七殺◎ 辰	紫微在午宮		酉
太陽◎ 天梁◎ 卯			廉貞△ 天府◎ 戌
武曲△ 天相◎ 寅	天同※ 巨門※ 丑	貪狼○ 子	太陰◎ 亥

巳	天機◎ 午	紫微◎ 破軍○ 未	申
太陽○ 辰	紫微在未宮		天府○ 酉
武曲△ 七殺○ 卯			太陰○ 戌
天同△ 天梁◎ 寅	天相◎ 丑	巨門○ 子	廉貞╳ 貪狼╳ 亥

附圖 紫微斗數十二基本盤 -2

太陽○ 巳	破軍◎ 午	天機╳ 未	紫微○ 天府△ 申
武曲◎ 辰	紫微在申宮		太陰○ 酉
天同△ 卯			貪狼◎ 戌
七殺◎ 寅	天梁○ 丑	廉貞△ 天相◎ 子	巨門○ 亥

武曲△ 破軍△ 巳	太陽○ 午	天府◎ 未	天機△ 太陰△ 申
天同△ 辰	紫微在酉宮		紫微○ 貪狼△ 酉
卯			巨門╳ 戌
寅	廉貞△ 七殺◎ 丑	天梁◎ 子	天相△ 亥

天同◎ 巳	武曲○ 天府○ 午	太陽△ 太陰※ 未	貪狼△ 申
破軍○ 辰	紫微在戌宮		天機○ 巨門◎ 酉
卯			紫微△ 天相△ 戌
廉貞◎ 寅	丑	七殺○ 子	天梁╳ 亥

天府△ 巳	天同╳ 太陰※ 午	武曲◎ 貪狼◎ 未	太陽△ 巨門◎ 申
辰	紫微在亥宮		天相╳ 酉
廉貞△ 破軍╳ 卯			天機△ 天梁◎ 戌
寅	丑	子	紫微○ 七殺△ 亥

附圖 紫微斗數十二基本盤 -3

2-3-2 命宮與身宮佈設之天文科學及曆法原理

不管中西方任何占星術或星命術，命宮永遠是論斷的重點所在，也是一切的樞紐。因為我們可以藉由命宮的星曜落宮狀況，推論出人一生的貧賤富貴的狀況。

目前通行世界的西洋占星學、印度占星學以及中國占星術七政四餘等，都是用太陽做為立命的基礎。以太陽位置為命宮，太陰位置為身宮。其對應法，係以太陽東昇地平線的時間對應，也就是西洋占星學中的「上升星座 (Rising Sign)」，主要是以出生那一刻，太陽自東方地平升起相對應於命主出生的時間點（中原地區日出於卯時，故東方星命術多以卯立命宮），在中原地區稱為「命度」，在西洋稱為「Asc」。只有命度確立後，才能依序劃分並完成人事十二宮的布設。

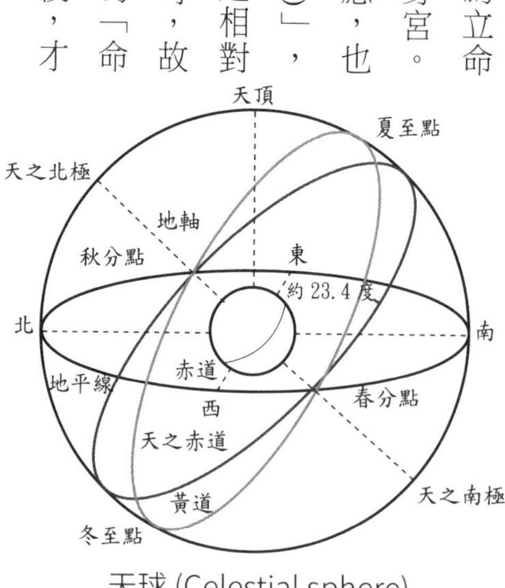

天球 (Celestial sphere)

再來要跟大家說明，紫微斗數雖然是以紫微星與太陰為主體而誕生的占星學，但他依舊遵循中西占星學中以「太陽為命，太陰為身」的重要概念。故紫微斗數與其他占星學唯一的差異就是依據與規律不同而已。因此紫微斗數同樣也是計算命主出生時間對應太陽東昇地平的方法來立命宮，以太陰的相對位置安身宮，就命身宮的安立的概念而言，沒有太大的差異。

那麼山人談西洋占星命身宮劃分的原理目的是甚麼？因為要做一個對比，這樣才能知道差異處。紫微斗數的立命宮與身宮的方法，雖然概念與其他占星學相同，但其方法及依據卻有相當大的不同，而其隱含的天文科學及曆法原理到底是甚麼，就讓山人為各位同好做分析，而由於安命身宮係依據年月日時，為免讀者混淆，故山人分項說明如下：

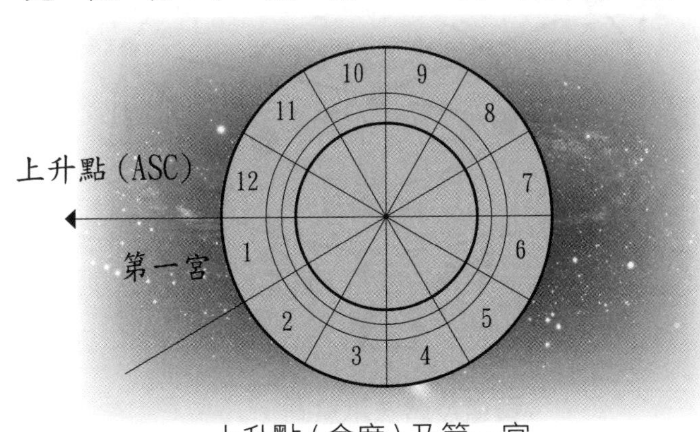

上升點（命度）及第一宮

A. 出生月份

紫微斗數第一宮為寅宮，也是計算命宮位置的起點。而為什麼立命宮時必須先自寅宮起算呢？因為正月建寅，「建」指的就是北斗七星斗柄的指向。而這正是紫微斗數用以對應生辰八字的憑據所在。北斗七星斗柄自寅起建正月依序至十二月，所以紫微斗數的十二宮，對應的就是真實曆法上的月份。所以當你自寅宮起算命宮的時候，事實上，你正在計算地球當時在黃道上的位置。例如你的出生月份為農曆八月，則當你在安命宮時，第一步就是自寅宮順數八宮至酉宮，而酉宮也正是曆法上的「酉月」。

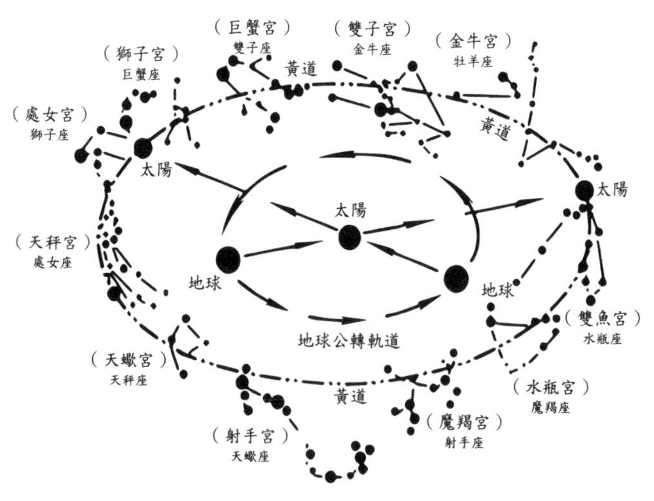

黃道及曆法示意圖

B. 出生日期

如本書一開始的介紹，紫微斗數以紫微星為主，只有當紫微星所在的宮位確認了之後，才能夠按照「安南北斗星訣」依序布設其餘南、北斗星曜。依紫微斗數全書卷二安身命例的記載，起紫微星（北極星）的依據就是農曆的出生日期，也就是利用紫微星與北斗七星的周年視運動規則中，北斗七星每移動一度為一天的規律來對應之。

例如正月初一生人，其命局為火六局，只要查閱「定金木水火土局」的圖表，在火六局的的表格中尋找初一，即可得知紫微星在酉宮。

巳 初十十二 六六九五	午 初二二二 十十三九	未 二二十 七四四	申 十二 八八
辰 初十十二 二二五一	金四局		酉 二 三
卯 十十初 七一八			戌 二 六
寅 初初十 四七三	丑 初初 三九	子 初 五	亥 三初 十一

巳 初初 八九	午 初十 十一	未 十十 二三	申 十十 四五
辰 三初初 十六七	水二局		酉 十十 七六
卯 初初二二 四五八九			戌 十十 九八
寅 初初二二 二三六七	丑 二初二 五一四	子 二二 三三	亥 二二 一十

巳 十十初 四二四	午 十十初 七五七	未 二十初 十八十	申 二二十 三一三
辰 初初十 一九一	木三局		酉 十二二 六六四
卯 初初 八六			戌 二二十 九七九
寅 初初 五三	丑 二初 八二	子 二 五	亥 三二 十三

巳 二二初 四十八	午 二二十初 九五三一	未 三十初 十八六	申 二十 三一
辰 二十十初 七九五三	土五局		酉 二十 八六
卯 二十初 二四十			戌 二 一
寅 十初初 七九五	丑 十初 二四	子 初 七	亥 二初 六二

巳 二二初 九四十	午 三十初 十六二	未 二初 二八	申 二十 八四
辰 二十初 三八四	火六局		酉 二初 十一
卯 二十十 七七二			戌 二初 六七
寅 二十初 一一六	丑 二十初 五五五	子 十初 九九	亥 十初 三三

定金木水火土局

C. 出生時間

時間的天文科學原理，可詳2-6章十二地支之天文科學原理，在此不贅述。那麼紫微斗數利用出生時間來安命宮及身宮的天文科學原理，又是甚麼呢？

天文學家以地球自轉的速度定義出時間，因此在不同的時間，太陽與太陰以及星曜投射入宮的角度也有不同。所以當我們按照出生月分順數至相對應的宮位後，就必須依據地球西向東自轉（逆轉）的天文現象，逆算至出生時間找到太陽位置以確立命宮。而紫微斗數中太陽與太陰入宮係以日出月沒的規律，是故順數即可找到相對應於太陽的太陰位置，

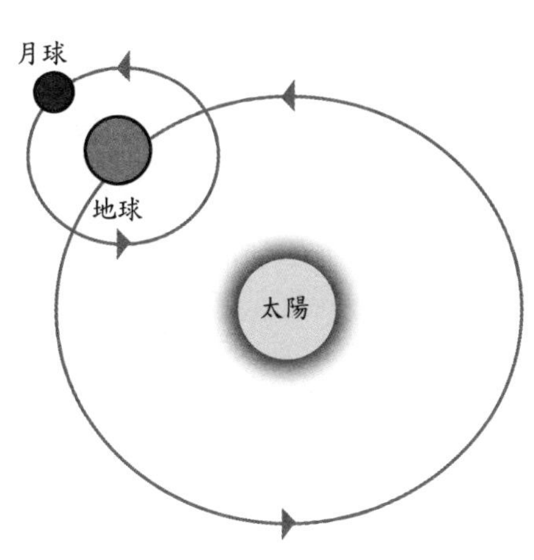

地球與日月運行軌道示意圖

並據以安立身宮。

相信各位知道了紫微斗數立命宮及身宮背後蘊藏的天文曆法原理後，一定更能體會祖師爺-希夷先生在起例歌訣所說：不依五星要過節，只論年月日時生，這段話背後的深意。因為五星（即：七政四餘占星學）係以太陽在黃道上的位置為基準，當然要考慮地球因繞行太陽公轉產生的季節變化（節氣）。而紫微斗數依據的是農曆出生月日時，運用北斗七星斗柄作為指向來對應曆法上的月份、日期及時間，與太陽全然無關，當然不需要考慮節氣。捨太陽改採北斗七星斗柄指向做對應，這就是紫微斗數大異於中西所有占星術的地方。

也因為如此獨一無二，當你越深入了解之後，越能發現無論是星體入宮規律以及命身宮的佈設等，都完全符合真實天文星象與曆法，絕對不是普羅大眾所認為的迷信與不科學。要破除這固有觀念，就仰賴所有人的努力了。

2-3-3 紫微斗數星曜入宮原理

經過前面的說明，相信大家對於紫微斗數符合天文科學及曆法的基礎有了相當深入的了解與認知。再來我們就來討論，紫微斗數中所運用的南北斗及諸星曜是否也與真實的星空一致。

要證明這一點不難，我們知道紫微斗數命盤就是命主出生時天體星曜排列狀況，所以只要與真實星空做比對，就可得到結果。我們知道，紫微斗數十二宮對應一年十二個月，跟曆法一致，用以定位命宮及身宮所在位置。自寅宮（月）起算，視為正月。故寅宮的起點可視為農曆一月一日子時，因此我們以這個紫微居寅宮的基本盤（起始點）來做與真實星空對比的基準。

我們先從真實星空中紫微星及南北斗星的排列狀況來看，北斗七星斗口兩星延長五倍距離就是紫微星（北極星）而廉貞（玉衡）星直指南斗六星（斗宿）中的七殺星 註三

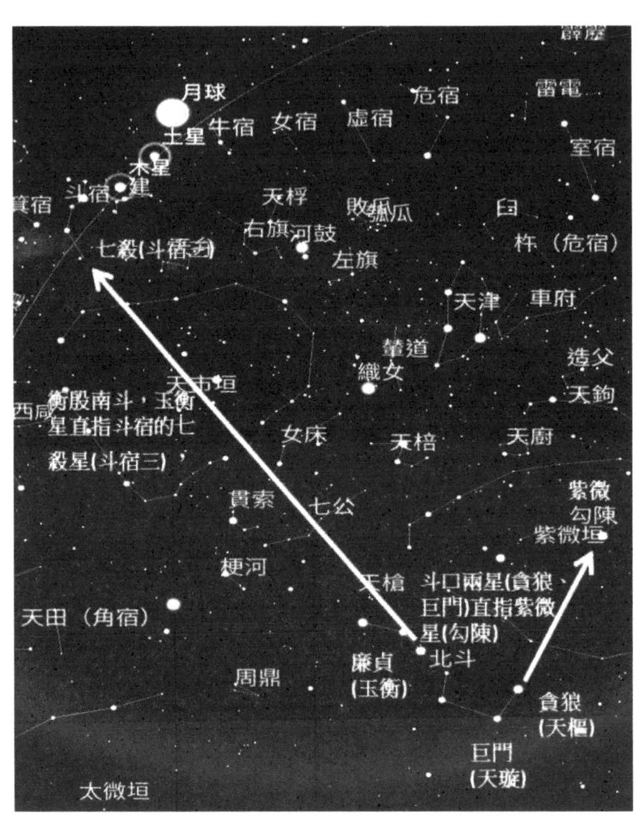

北斗七星與南斗六星及北極星對應位置圖

基於對這些真實星象的了解，讓我們再回到紫微在寅宮的那張紫微斗數基本盤作比對。從這張紫微斗數星盤我們可以發現，位於辰宮的貪狼星（天樞）與巳宮的巨門星（天璇），將此兩星連線並加以延伸（空一宮），就是在寅宮紫微星（北極星，吉名：勾陳）。而祿存與文曲在排盤時被區分至其他星曜類別，另以其他安星規則入宮，所以巨門跳過兩個星曜就是廉貞星，斗柄處轉個彎，依序是武曲與破軍，這不正是實際星空中北斗七星的排列順序嗎？

而廉貞星（玉衡）在午宮相隔一宮指著申宮的七殺星（斗宿三），這不就是在太史公在史記天官書記載的＜衡殷南斗＞的天文星象嗎？經由我們詳細比對確認後，北斗七星及南斗六星的入宮順序，就是按照星空中實際星曜的排列，以紫微星為為準，依序投射入十二宮內。

又紫微斗數係以紫微星為中心，北斗七星斗柄為指向，其對應生辰的依據與其他占星術有極大的差異。從真實星空對應圖可以看出來，**如果你以紫微星為中心，太陽及太陰也只是繞著紫微星運轉，依循周日視運動軌跡，日出月沒，周而復始的規律運行，因此在紫微斗數中當然不會有每逢農曆初一、十五日月合朔的現象。**

二、紫微斗數之天文曆法基礎

廉貞(玉衡)直指七殺星（斗宿三）

巨門○ (天璇) <田宅>巳	廉貞△ (玉衡) 天相◎ <官祿>午	天梁○ <僕役>未	七殺◎ (斗宿三) <遷移>申
貪狼◎ (天樞) <福德>辰	中宮		天同△ <疾厄>酉
太陰╳ <父母>卯	斗口兩星（貪狼、巨門）直指紫微星（北極星，吉名：勾陳）		武曲◎ <財帛>戌
紫微○ (勾陳) 天府◎ <命宮>寅	天機╳ <兄弟>丑	破軍◎ <夫妻>子	太陽╳ <子女>亥

紫微斗數基本盤（紫微在寅）

根據這麼多的事實與天文科學證據，山人可以肯定的跟各位說：紫微斗數確實跟中國占星學—七政四餘還有西洋占星學一樣，都是屬於占星學的範疇。也證實了，山人早在十幾年前無論在講義、著作及發表的文章內一直強調的一個觀念：判斷日月反背時，必須以命主出生當日的日期與時間，來判斷實際日月盈虧及明亮程度。因為，紫微斗數，確實是以星空中真實星曜來作論斷基礎的星命學。

所以各位同好看完山人對於「紫微斗數之天文科學與曆法原理」的這個章節之後，可以理直氣壯的跟認為此術是迷信的人說：紫微斗數，是完全符合天文星象及科學的一門專業學術，而且是全世界唯一以「恆星」而不是以日、月等太陽系行星為主體的占星術，這真的是華人的驕傲，是希夷祖師獨步全球的創作，因為他是全世界星命學中，唯一不以「行星」而是以「恆星」做論斷基礎的一門專業星命學術。絕非普羅大眾所認知的方術之流，在本書的科學驗證論述下，可以得到證明。

記得地理堪輿界有段名言：一流的風水師，觀星望斗；二流的風水師，看水口；三流的風水師，滿山亂亂跑。其中的星，指的就是北極星及眾星辰；斗，就是北斗七星。所以融合北極星及眾星辰與北斗七星與南斗六星而成的祿命法—紫微斗

二、紫微斗數之天文曆法基礎

數，就是第一流的古星象學。也難怪此術被尊為「天下第一奇術」，確實不是浪得虛名。

是故學習紫微斗數，一定要以「星曜」為主體，回歸他天文科學及曆法本質。以星曜入人事十二宮的分布狀況來做推理論斷，並細查四化星於行運（大小限或流年）之時，與本命盤相互牽引的狀況來搜尋變化軌跡。**星、宮、化，三位一體；天、地、人三才並用，才是真正的紫微斗數占星學。**

就像山人常說的，我們紫微斗數，是直取天文星象來推論人命的一門學術，與西洋、印度星命學一模一樣，對應的是真實天文星象及曆法，絕非一般所認知流於迷信、不科學的方術，甚或是只有四化沒有星的無稽之談，要知道四化附屬於主星，無法獨立存在，沒有主體星曜的存在，四化何存焉，不是嗎？

也因為紫微斗數是實星，且符合真實天體運行原理。因此必須回歸其占星學的本質，以精確的觀測設備儀器，來定位這些星曜在不同時間位於黃經上的度數，利用相位原理來做細緻的推算，也才能真正達到一日甚至分鐘的吉凶判識結果。但因古代民間欠缺適當的觀測設備，所以以粗略的以一個時辰（三十度）推估，因此精準度不如宮廷御用的七政四餘占星術，但這也是不得已的難處呀。也期待此書出版後，能有更多有心人，與山人一起，追求紫微斗數極致的精準度，這才是我們後學者除了傳承之外，另一個發揚光大的重要使命呀！

註三：

據史記天官書云：「……北斗七星，所謂璇璣玉衡以齊七政。杓攜龍角，衡殷南斗，魁枕參首……」，其中「衡殷南斗」的「衡」指的是玉衡星（廉貞星）。意思就是如果以北斗七星中的玉衡星（廉貞）為起點，加以延伸剛好對應到南斗六星（斗宿）中的七殺星（斗宿三）。

2-4 三方四正

紫微斗數與所有流傳的祿命數，最大的差異，就是以宮位的三方四正來推論吉凶狀況。在「斗數發微論」理記載：「白玉蟾先生曰：觀天斗數與五星不同，按此星辰與諸數大異。四正吉星定為貴，三方煞拱少為奇，對照兮詳凶詳吉，合照兮觀賤觀榮……」，相當貼切的闡述了正統紫微斗數的論命方法。

三方四正論命，永遠是紫微斗數的核心。也因此，流傳的古籍中，不論是紫微斗數全書，或是紫微斗數全集甚或是欽定四庫全書所收錄的紫微斗數等，對三方四正，都有相當大篇幅的描述，也以此為主要的推理方法。

可以說紫微斗數論命，如不運用三方四正的技巧，就不能稱之為紫微斗數，這是個很重要的觀念。而在古籍裏，反而對於大家熟悉的四化，只有簡單的記載。

這道理很簡單，就像山人在四化的介紹裏強調的，四化附屬於主星，其性質隨著主星曜而改變，他並不是一顆真正的星曜，在以星象學為主體的紫微斗數，自然不會太重視這種化星，縱然在七政四餘亦同，在學習正統的紫微斗數時，這是必須且相當重要的基本概念。

如果運用紫微斗數時，不考慮南北斗等星曜，那麼，這種論命法，是否該改名為「紫微數」，因缺少南北斗星曜且失去了星曜的主體與本質，自然也不能算是星象學了。

而到底三方四正既然對於紫微斗數論命如此重要，指的是甚麼呢?茲分述如下：

1. **三方**：指的是對宮、前四宮、後四宮。
2. **四正**：指的是三方宮位加上本宮，就是四正

如下圖示：

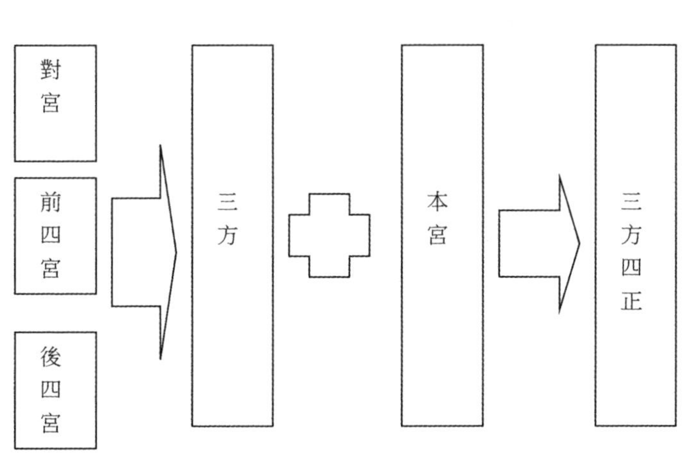

三方四正說明圖

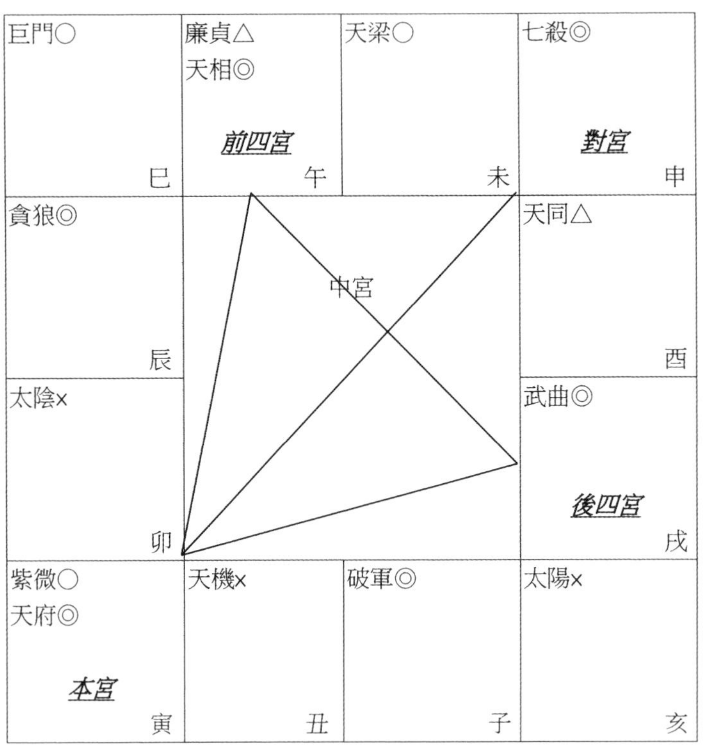
巨門◯
巳
廉貞△
天相◎
前四宮
午
天梁◯
未
七殺◎
對宮
申
貪狼◎
辰
中宮
天同△
酉
太陰×
卯
武曲◎
後四宮
戌
紫微◯
天府◎
本宮
寅
天機×
丑
破軍◎
子
太陽×
亥

宮位的三方四正

至於為何紫微斗數，看的是三方四正呢？原因很簡單，因為他就是星象學，當然要以全世界星象學（占星學）中用來判定星曜交會吉凶狀況的「相位原理」來做推敲（詳2-5相位原理說明）。

紫微斗數係依據北斗七星與北極星周年視運動規律，一周天（年）旋轉三百六十度，每旋轉三十度為一個月。因此紫微斗數十二宮亦對應曆法上的十二個月，是故每宮為三十度，合計十二宮為三百六十度。而本宮的對宮，也就是六宮與本宮構成一百八十度的相位（30×6=180），一百八十度屬於「對衝相位」角度，因此在紫微斗數中，對宮星曜對本宮的影響最大。除了考量對宮一百八十度的相位之外，尚包含本宮的前四宮及後四宮，而前後四宮均為一百二十度的相位（30×4=120），一百二十度屬於「調和相位」角度，也是吉利呈祥的角度。

因此，我們根據星象學相位交角的概念來推理，對宮的星曜由於是一百八十度對衝的角度，因此煞星或吉星在對宮的影響，絕對大於前四宮或後四宮。故對宮是影響本宮是最大的參數值，而這也是本宮無星時，借對宮星曜做論斷的原因所在。另位於前後四宮的三方，由於是和諧順暢的角度，所以是以扶持的角度來看待。

因此紫微斗數用以論斷命盤的三方四正技法，跟全世界所有占星術一樣，都是以「相位」論吉凶。這也是在古籍中以絕對多數的篇幅介紹三方四正論斷技法的原因所在。因為紫微斗數他就是占星學，當然要依循正統占星學的方法做論斷，不是嗎？

2-5 相位與星曜

以相位交角論吉凶，在星象學上是相當重要的方法與技巧，此點，中西方星命學家均相同。而為什麼運用相位原理來做論斷呢？由於我們身處的這個宇宙充斥著引力、重力、頻率所構成的力場，人體也是由粒子所組成，所以我們無時無刻不被這宇宙間無所不在的引力或頻率影響而作出相對應的判斷或決定，這就是命理學上強調「天人感應」背後蘊藏的科學原理（詳2-1節）。

這也是山人的「七政四餘占星學」課程，可以斷到一日吉凶的原因。因為我們掌握了這些引力或頻率是吉是凶，帶給我們是好的影響或壞的影響，倚靠的就是本章所談到的「相位原理」。一般學習中國命理術數的同好，對此相位這個名詞肯定相當陌生，故山人在此章節從物理學角度來做個詳細的說明介紹。

在物理學上來說，相位是指一個循環運動中或 360 度內的某一點（粒子）的位置及運動狀況，通常是以度為單位。而兩個粒子之間，擁有相同頻率但有不同的相位，稱之為相位差。而粒子間的相位差係以角度（0 度~360 度）或是以弧度（0~2 π）來表示。這兩個粒子的相位交角，決定了其交會後的狀況，例如兩個粒子間相差 180 度，稱之為反相，將產生破壞干涉的現象。

而將此概念運用在星象學上，兩個粒子，可視為兩個星體，而星曜論命，係以星曜投射在黃道十二宮的位置來研判，而黃道十二宮，剛好是一個 360 度的圓，所以必然會有相同的結果。是故在物理學上，兩個粒子間以 180 度的角度相會，是不合諧的破壞干涉，而在星象學上，稱之為相沖。

所以星象學以相位論吉凶的占斷技巧，是完全符合現代科學及物理的一門學問。茲就主要、次要相位交角吉凶，表列如下。

度數	分相	吉凶	說明
30 度	十二分相	吉	和諧順暢
60 度	六分相	吉	和諧順暢
120 度	三分相 （三合）	吉	幫助扶持
45 度	半四分相 （穿）	凶	緊張、激怒
90 度	四分相 （刑）	凶	困難、摩擦
135 度	八分之三相	凶	焦慮
150 度	十二分之五相 （穿）	凶	疾病、不安
180 度	二分相 （沖）	凶	對立與衝突
0 度	合相	吉凶與否視交會星曜而定	

相信各位同學對中國傳統地支合剋並不陌生，尤其如果您學過「八字學」，就知道吉凶論斷，倚靠的就是這些干支合剋的狀況來綜合判斷推論。但事實上這些在八字學上的合、剋、刑、穿也都是這個「相位原理」的運用，只是大多數人不知道罷了。因此，無論中西方的星命學，其基本原理都是相同的，就像山人常說：我們看到的，都是同一個宇宙，同一個星空，中西方看到的不可能有不同，差異只在名稱還有形容而已；如果中西方看到的有不同，那麼必定其中一方有錯誤。因為，真相只有一個，事實也只有一個。

如前所述，我們紫微斗數運用三方四正論斷命盤吉凶背後的科學原理，就是占星學上所運用的一百二十度調合相位（三方）還有一百八十度對沖相位（對宮），因此紫微斗數是百分之百的東方占星術無誤，這點真的不容置疑。

基於科學辯證的精神，現在我們就針對中國地支合剋跟相位原理逐項做個比對，看是否得到一致的答案吧。

A. 地支三合（即120度的調和相位，又稱為三合）

圓周長360度，區分成12地支宮位，每個地支宮位是30度，而子申辰、午寅戌、卯未亥、酉巳丑均相距4宮，30度×4宮=120度，而120度（三分相），是主要相位中的象徵吉祥如意的調合相位。

故子申辰三合北方水（因子代表北方，五行屬水）、午寅戌三合南方火（因午代表南方，五行屬火）、卯未亥三合東方木（因卯代表東方，五行屬木）、酉巳丑三合西方金。（因酉代表西方，五行屬金）。

地支三合

B. 地支六沖（即 180 度的對沖相位，又稱為沖相）

在相位原理中 180 度是相沖的角度，而子與午相距 6 宮，每宮為 30 度，30 度 × 6 宮 =180 度，而 180 度（二分相），是主要相位中代表對立與衝突的不調合相位。

因此子午宮相沖。其餘諸如丑未、寅申、卯酉、辰戌、巳亥都是相距 6 宮，因此丑未沖、寅申沖、卯酉沖、辰戌沖、巳亥沖，均以此類推。

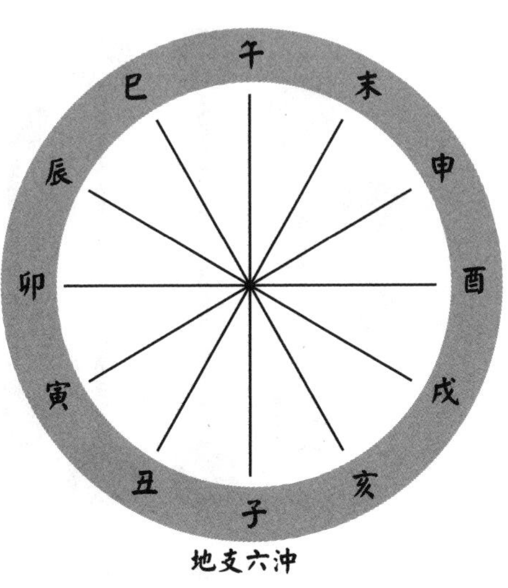

地支六沖

C. 地支六穿／害（即150度、90度、45度的刑穿相位）

◎丑午穿、子未穿：

丑宮及午宮相距5宮，子宮與未宮亦同。每宮30度，故30度×5宮=150度，而150度（十二分之五相），為次要相位中代表不安的不調合相位。

◎寅巳穿、亥申穿：

寅宮與巳宮相距3宮，亥宮與申宮亦同。每宮30度，故30度×3宮=90度，而90度（四分相），為主要相位中代表困難與摩擦的不調合相位。

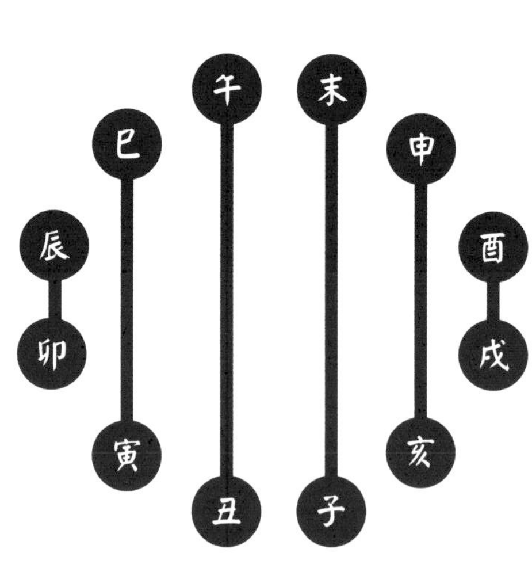

地支刑穿沖

◎卯辰穿、酉戌穿：

卯宮與辰宮相距45度，酉宮與戌宮亦同。而45度（半四分相），為次要相位中代表緊張的不調合相位。

D. 地支相刑

◎恃勢之刑

恃勢之刑指的是寅、巳、申互刑。而寅宮、巳宮、申宮各相距3宮，每宮30度，故30度×3宮＝90度，而90度（四分相），為主要相位中代表困難與摩擦的不調合相位。

◎無恩之刑

無恩之刑指的是丑、戌、未互刑。而丑宮、戌宮、未宮各相距3宮，每宮30度，故30度×3宮＝90度，而

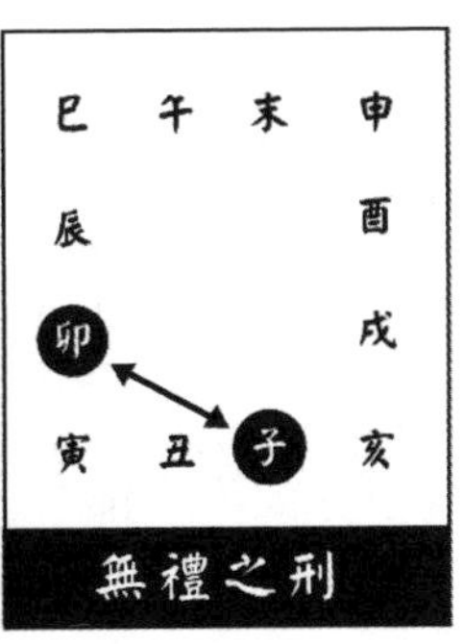

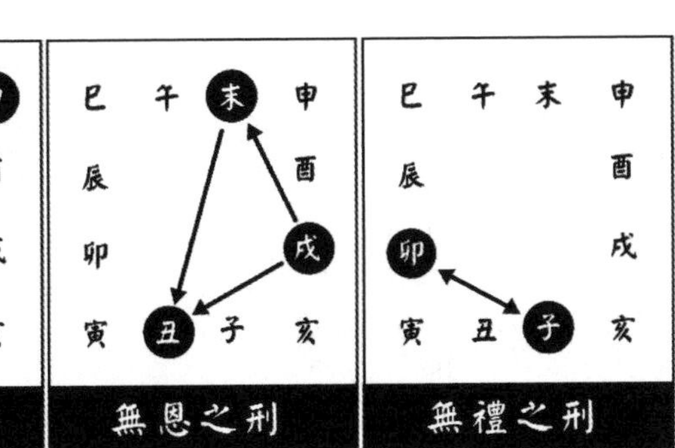

90度(四分相),為主要相位中代表困難與摩擦的不調合相位。

◎無禮之刑

無禮之刑指的是子、卯互刑。而子宮、卯宮相距3宮,每宮30度,故30度×3宮=90度,而90度(四分相),為主要相位中代表困難與摩擦的不調合相位。

2-6 十二地支之天文科學原理

相信各位不管是否學過命理,大多數人對十二地支並不陌生,何謂十二地支?三字經云:十二支,子至亥。依序為:子、丑、寅、卯、辰、巳、午、未、申、酉、戌、亥。在紫微斗數星盤中,我們用這個符號來代表人事十二宮。

十二地支,對於古代的中國人相當重要,從出生到死亡,都離不開十二地支,為什麼?因為中國人用十二地支來計年、計月、計日、計時甚至是用來表示方位。

而這十二地支除了名稱之外，又有甚麼天文科學的涵義呢？這點我們就要回到為甚麼是十二地支，不是十三，不是十四地支。還有為甚麼古代中國人要發明這些符號來談起。

說到這，我想很多人應該想到電視上那些灑狗血的談話性節目所說：這都是外星人留下神祕的符號。又比如說十二是個神祕的數字等等。但事實上真的是如此嗎？難道一切都沒有符合科學的解釋嗎？答案是有的，上過山人七政四餘／西洋占星的同學都知道，諸如十二地支，十二星座等等。「十二」這個數字根本只是一個簡單的數學計算而已，沒有甚麼神秘的。

這個簡單的數學計算式，在上一章就有提到，那就是：360 / 30 = 12。

真的就是這樣而已，簡單到讓人訝異。不信嗎？那麼我們就根據十二地支的功用，搭配這個計算式，逐項來做分析說明吧。

2-6-1

十二地支計年

在春秋戰國時代，採用的計年法稱之為「歲星紀年法」。歲星，指的就是木星。為甚麼木星被視為歲星呢？因為木星繞行太陽一周天約略是十二年左右，而木星繞行太陽一圈，視為一個圓形，圓周長 360 度，360 / 30 = 12，故用 30 度剛好可以等分成十二區塊，因此古人就以十二地支這個符號，來當做計年的依據，也因此有了子年、丑年、寅年等名稱。

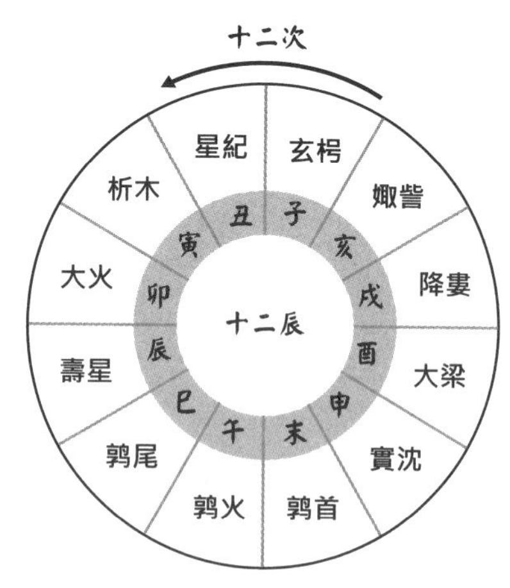

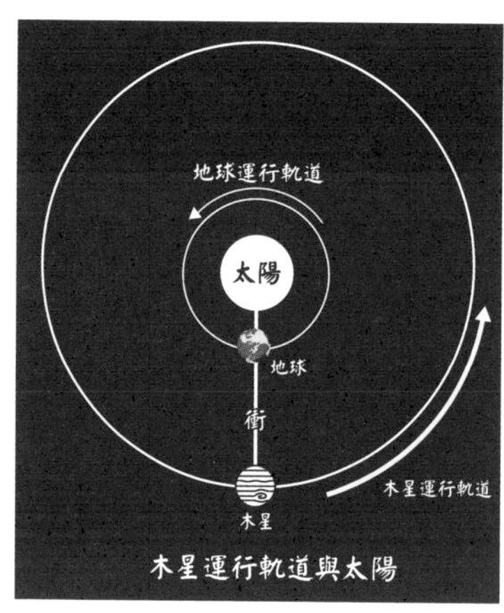

木星運行軌道與太陽

2-6-2 十二地支計月

曆法的種類有三種：陽曆、陰曆還有陰陽合曆，無論甚麼曆法，都是以十二個月來計算。為甚麼是十二個月，不是十三個月或十四個月呢？看完上一節的分析，我想大家應該都知道答案了吧。因為地球繞行太陽一圈，我們定義為「一年」，而這地球繞行太陽的軌道，我們稱之為「黃道」，這條軌道我們也是視為一個圓，圓周長一樣是360度，因此用30度剛好可以等分成十二區塊，因此，古人就以十二地支來表示月份。也因此有了子月，丑月，寅月等名稱。

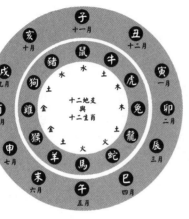

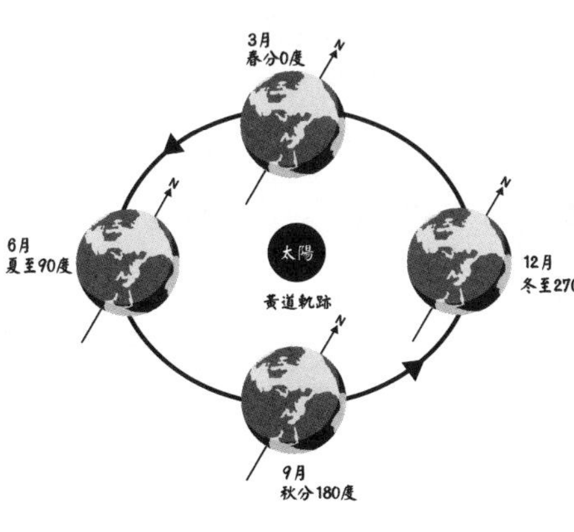

2-6-3 十二地支計時

一日，依據科學家的定義，指的是宇宙星體自轉一圈所需的時間。而自轉一圈，剛好也是一個圓形軌跡，圓周長360度，用30度來劃分，剛好也能等分成12區塊，因此古人以十二地支來表示時間，也因此有了子時，丑時，寅時等名稱。而西方人由於對時間精度要求比較高，因此切分成24個區塊，也就是我們熟知的24小時，一樣以圓周長計算，360 / 24 = 15。

意思就是：在中國，地球每自轉30度為一個時辰，用12地支表示；在西方，地球每自轉15度為一個小時，以阿拉伯數字表示。

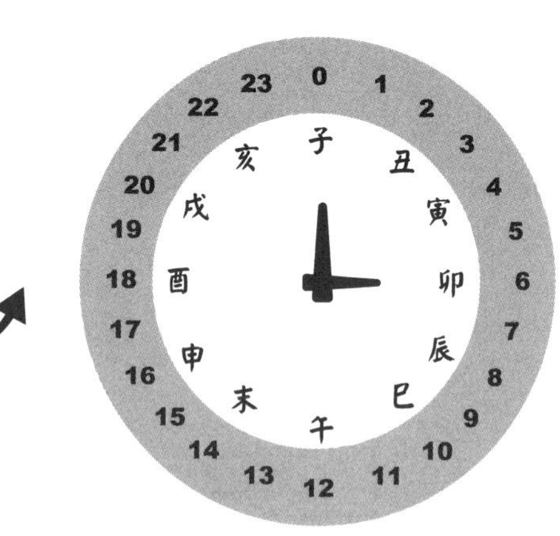

地軸

地球自轉方向
是自西向東

地球自轉一周所需時間
23小時56分4秒

地球自轉方向與週期

所以，為甚麼不管東西方，都是用「十二」這個數字，因為那是剛好可以等分一個圓的數字，答案就是這麼簡單，不是甚麼外星人，甚麼神秘學，那都是後人的穿鑿附會而已。

這也是山人常常跟同學說：如果你所學習使用的祿命術依據的是人的出生年月日時，那麼，這種祿命術，就脫離不了天文科學的範疇，因為年、月、日、時，都是太陽、月亮、太陽系行星還有地球之間的關係所制定，不是嗎？

2-7 流年、流月、流時

說明：流年流月流日係為推論斗數年、月、日、時之運勢吉凶所必須了解，由於斗數流派眾多，所以推論法相當繁多，為避免初學者混淆，茲就一般常見之推定方法解釋。推斷方法係利用命主之出生年（A）+月（B）+日（C）+時（D）來推算，如下例：

流年

以當年地支年份來判斷，如民國98年為己丑年，則流年宮位即在丑宮

流月

以流年為基數逆算至B格，再以該格為基數順算至D格即是流月宮位

流時

以流月宮為1日，順時針算至今天日期即為流日宮位，流時則以此宮為子時順時針排列至目前時辰，流時亦同

例：某甲出生年月為民國70（A）年3（B）月1（C）日午（D）時，今日為己丑年5月2日丑時，則流年、流月、流日、流時宮位。

巨門○ 流1月 巳	廉貞△ 天相◎ 流2月 午	天梁○ 流3月 未	七殺◎ 流4月 申
貪狼◎ 辰			天同△ 流五月 流一日 酉
太陰× 卯			武曲◎ 流二日 流子時 戌
紫微○ 天府◎ 寅	天機× 流年宮位 丑	破軍◎ 子	太陽× 流丑時 亥

說明：如題，民國98年農曆己丑年，因此流年宮位便在丑宮，命主3（B）月午（D）時出生，以此宮位逆算3格再順數7（以子時起算基數，故午時為7）格即為流1月（巳宮），順序排為流2月、3月；故流5月在酉宮，又以此宮為流1日，故流2日在戌宮，流丑時再亥宮。

2-8 常見名詞解釋

坐守	指星曜坐於宮位內，通常指命宮
同度	指多種星曜在同一宮內
會照	從三合宮位照入
拱照	泛指從對面宮位照入
夾宮	指本宮的左右兩宮
沖	泛指煞星從三方中照入
垣	宮位的另稱
天干	甲、乙、丙、丁、戊、己、庚、辛、壬、癸，又稱十天干
地支	子、丑、寅、卯、辰、巳、午、未、申、酉、戌、亥，又稱十二地支，一般用以計時。

說明：由斗數基本盤來看，斗數就是就是各宮位間星宿排列組合，因此各組成均依其型態不同而有其特殊名稱以利學者論述。上列為常見之名詞及其解義，讀者需牢記，尤其是天干、地支的概念，中國人以天干與地支合併為計年之數，10天干搭配12地支，共計60年，又稱為一甲子，而八字概念的空曜類神煞亦因此而來，因10天干與12地支間有2個空，空為不吉之兆，此皆為命理五術的最基本功。

第三章

五行生剋制化概論

第三章　五行生剋制化概論

3-1 五行生剋制化理論

五行生剋制化亦為命理五術最基本概念，利用五行生剋制化原理演變出相關論述，運用於各命學知中，因此斗數亦包含此概念，諸如星宿屬性、宮位屬性其間之五行生剋狀況，都是推論時的重點所在(如下圖示)。

可以理解概念來記憶，水火本不容，因此相剋，火可煉金，金可斷木而木亦吸取土裡養份，土又可將水掩埋，因此此類型組合均相剋，相生部分亦請自行推論之。

至於天地干支的生剋，其實也不用死背，只要運用前章介紹

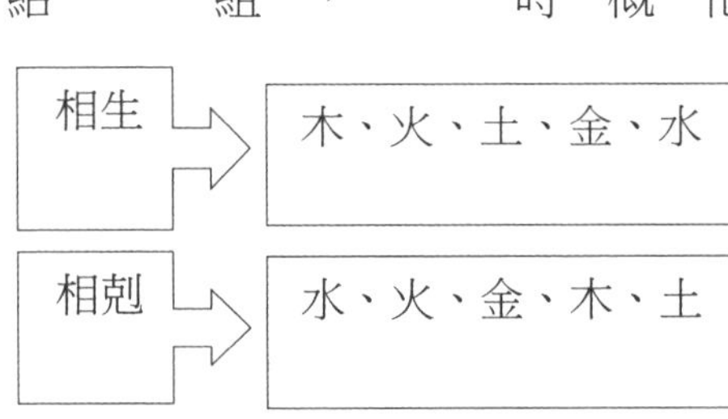

的相位原理，自然就知道這兩個干支間的生剋沖合狀況了。山人常說，學習最重理解，知其然亦需知其所以然，須以理解方式來記憶，切忌死背，否則永遠也背不完，且無法掌握論述重點，習者慎之。

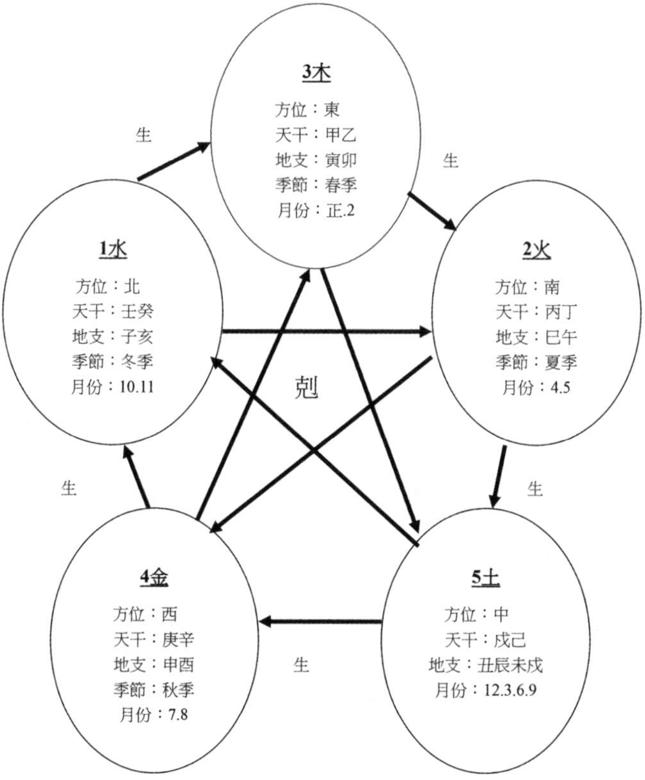

3木
方位：東
天干：甲乙
地支：寅卯
季節：春季
月份：正.2

1水
方位：北
天干：壬癸
地支：子亥
季節：冬季
月份：10.11

2火
方位：南
天干：丙丁
地支：巳午
季節：夏季
月份：4.5

4金
方位：西
天干：庚辛
地支：申酉
季節：秋季
月份：7.8

5土
方位：中
天干：戊己
地支：丑辰未戌
月份：12.3.6.9

生 生 生 生 生 剋

五行生剋圖

三、五行生剋制化概論

3-2 利用五行概念推論斗數星盤

五行原理為：生－旺－絕，以中國人觀念絕境就歸土，因此各宮位依其宮干之五行屬性區分如下：

寅為臨官之地，卯為帝旺之地，辰為木墓之地。

巳為臨官之地，午為帝旺之地，未為火墓之地。

申為臨官之地，酉為帝旺之地，戌為金墓之地。

亥為臨官之地，子為帝旺之地，丑為水墓之地。

故寅、巳、申、亥為臨官之地具有「生」的特性，又稱「四生地」，且天馬星只出現於此四宮，因此又稱「四馬地」；而卯、午、酉、子因具有「旺」的特性，因此又稱為「四旺地」，又稱「四正地」；而辰未戌丑為「墓」地，故稱為「四墓地」。故依此五行宮位論述而言，立命宮位可代表了命主的本性及特質，因此可利用五行生旺原理推論出命主的基本個性。茲圖解分述如下：

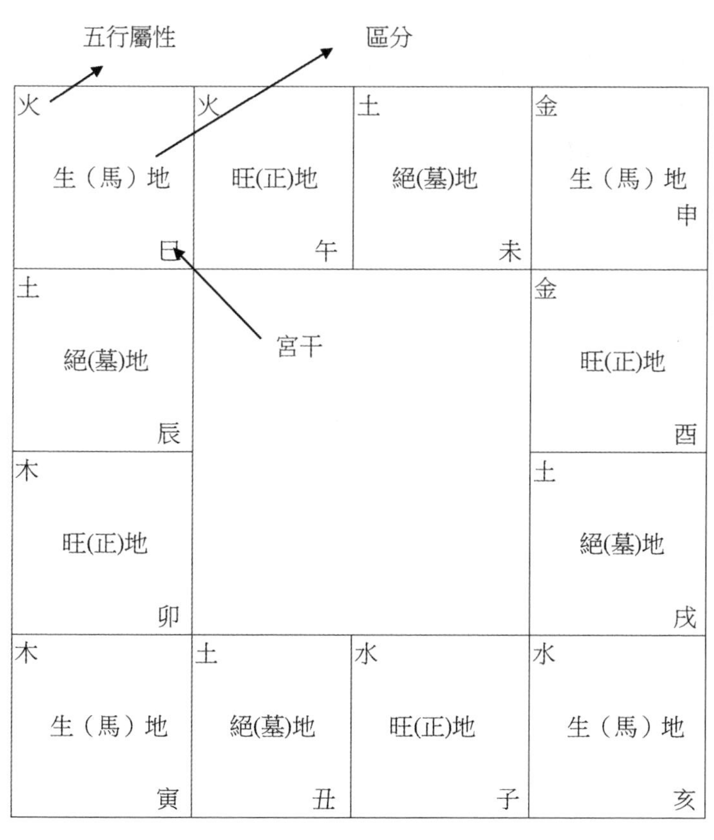
五行屬性
區分
火
生（馬）地
巳
火
旺(正)地
午
土
絕(墓)地
未
金
生（馬）地
申
土
絕(墓)地
辰
宮干
金
旺(正)地
酉
木
旺(正)地
卯
土
絕(墓)地
戌
木
生（馬）地
寅
土
絕(墓)地
丑
水
旺(正)地
子
水
生（馬）地
亥

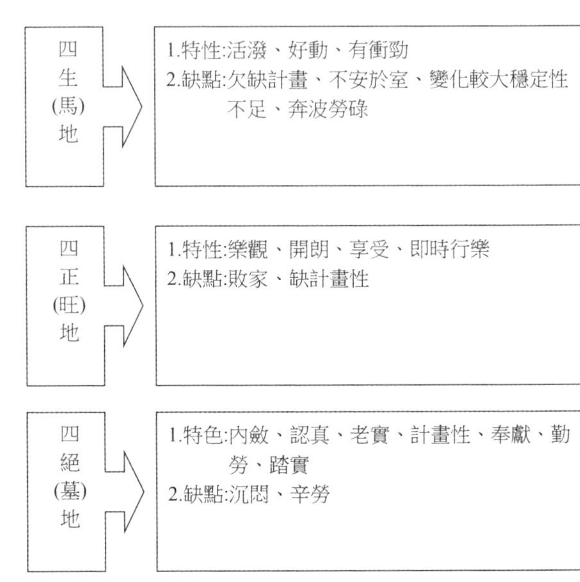
四
生
(馬)
地
1.特性:活潑、好動、有衝勁
2.缺點:欠缺計畫、不安於室、變化較大穩定性
不足、奔波勞碌
四
正
(旺)
地
1.特性:樂觀、開朗、享受、即時行樂
2.缺點:敗家、缺計畫性
四
絕
(墓)
地
1.特色:內斂、認真、老實、計畫性、奉獻、勤
勞、踏實
2.缺點:沉悶、辛勞

3-3 星曜五行及其化變

各星曜均有其所屬五行，主星曜多有其化星，其基本涵義將於後續章節詳細介紹。一般而言，為利於記憶理解其性質，通常與歷史人物串聯，常見的是與封神榜

之人物串聯。

至於各星曜間由於屬性不同，因此演化出生剋之理，彼此牽引共生，因此各星曜之五行須牢記，以利於後續星盤推演，為利於記憶，山人將分類及口訣圖列如下：

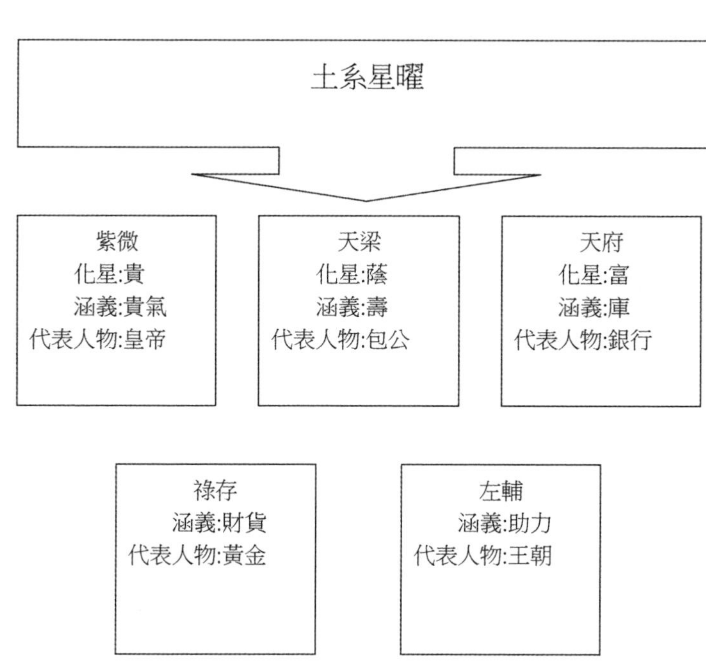

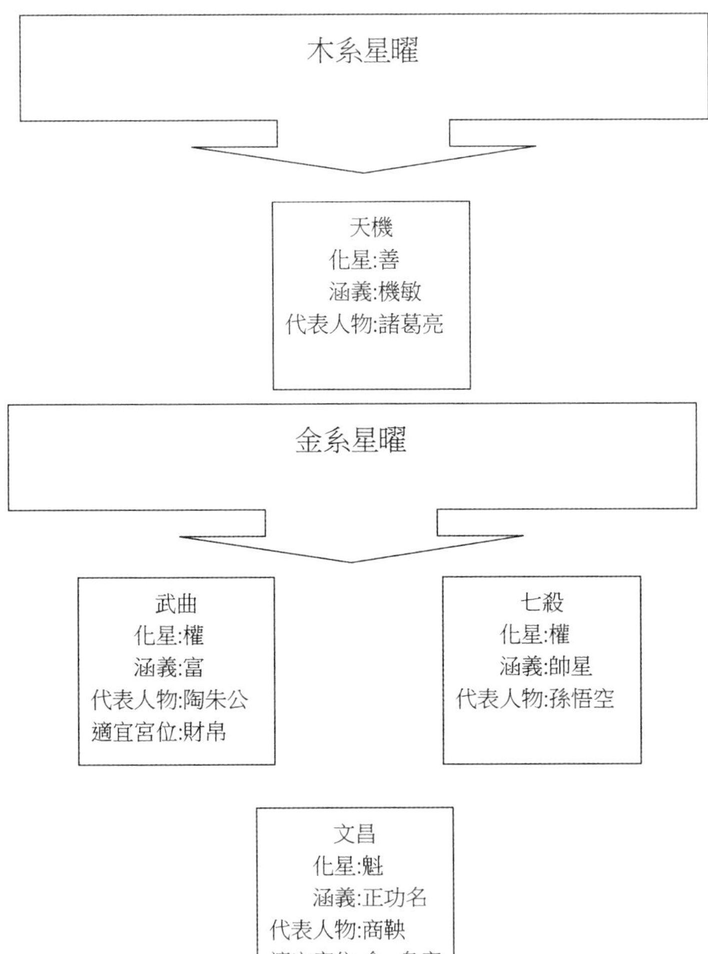

木系星曜
天機
化星:善
涵義:機敏
代表人物:諸葛亮
金系星曜
武曲
化星:權
涵義:富
代表人物:陶朱公
適宜宮位:財帛
七殺
化星:權
涵義:帥星
代表人物:孫悟空
文昌
化星:魁
涵義:正功名
代表人物:商鞅
適宜宮位:命、身宮

水系星曜

天同
化星:福
涵義:祿
代表人物:劉禪

太陰
化星:富
涵義:富
代表人物:劉邦

天相
化星:善
涵義:印星
代表人物:劉伯溫

破軍
化星:耗
涵義:破敗
代表人物:紂王

文曲
化星:耗
涵義:功名
代表人物:蘇秦

巨門
化星:暗
涵義:是非
代表人物:豬八戒

右弼
涵義:助力
代表人物:馬漢

貪狼
化星:喜
涵義:風騷
代表人物:楊貴妃

火系星曜

太陽
化星:貴
涵義:貴
代表人物:唐三藏

廉貞
化星:囚
涵義:刑傷
代表人物:秦檜

陀羅
化星:忌
涵義:遲滯
代表人物:曹操

火星
化星:暴
涵義:災
代表人物:張飛

鈴星
化星:暴
涵義:災
代表人物:項羽

地劫
涵義:物質損耗
代表人物:強盜

地空
涵義:思考損耗
代表人物:李蓮英

天魁
涵義:貴人（男）
代表人物:伯樂

天鉞
涵義:貴人(女)
代表人物:花木蘭

擎羊
化星:刑
涵義:刑剋
代表人物:呂布

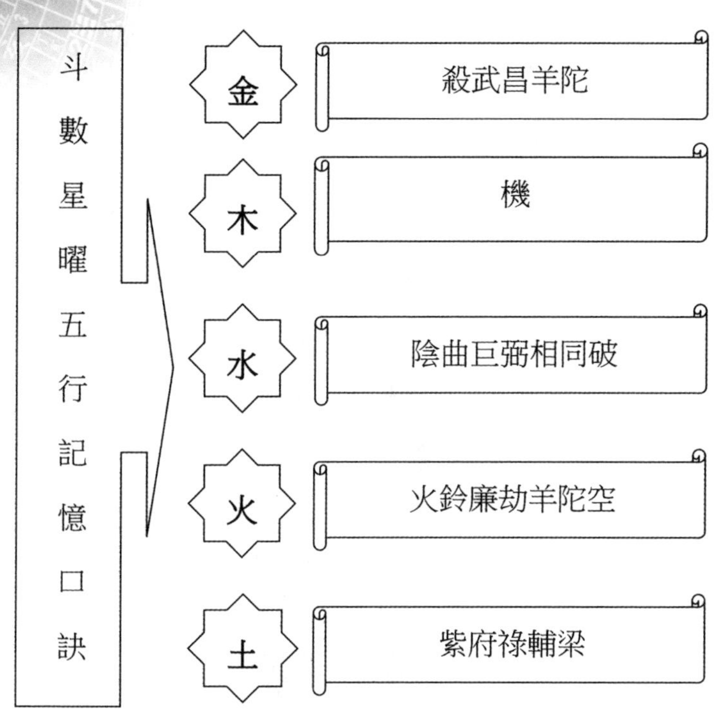
斗數星曜五行記憶口訣
金
殺武昌羊陀
木
機
水
陰曲巨弼相同破
火
火鈴廉劫羊陀空
土
紫府祿輔梁

第四章

星盤介紹說明及各宮位概述

第四章 星盤介紹說明及各宮位概述

4-1 星盤介紹說明

A. 宮位名稱

斗數星盤共有十二宮，又稱為「人事十二宮」分別表示命主之各面向，至於星盤各宮分佈順序：自命宮起逆時針排出十二宮，依序為：

1. 命宮 2. 兄弟宮 3. 夫妻宮 4. 子女宮 5. 財帛宮 6. 疾厄宮 7.

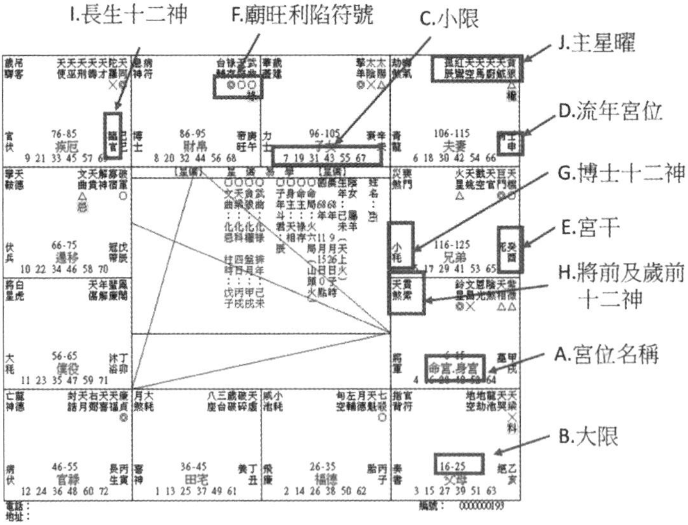

I.長生十二神
F.廟旺利陷符號
C.小限
J.主星曜
D.流年宮位
G.博士十二神
E.宮干
H.將前及歲前十二神
A.宮位名稱
B.大限

遷移宮 8. 僕役宮 9. 官祿宮 10. 田宅宮 11. 福德宮 12. 父母宮

B. 大限

為10年區間命主之際遇表現宮位，如圖例，命主現年19歲，則大限在亥宮16～25歲

C. 小限

為當年命宮所在位置，如命主現年19歲，則小限在未宮。

D. 流年宮位

值年地支所在宮位，例如西元2016年為丙申年，則流年宮位即在申宮。

四、星盤介紹說明及各宮位概述

E. 宮干

宮位的別稱，以天干地支排列，其中地支可對應真實曆法的月份。

F. 廟旺利陷符號

表示星曜亮度的差異，茲就其亮度排列順序如下：

廟大於旺大於得大於利大於平大於不大於陷

註：廟旺利陷的爭議頗大，此部分建議交由電腦判識，學者只需記得廟、旺、陷即可，通常的表示符號為：

廟◎、旺〇、陷×

G. 博士十二神

H. 歲前十二神及將前十二神

I. 長生十二神

J. 主星曜

指位於該宮位之正曜（泛指14正曜），如無正曜即為空宮（縱使一堆雜曜匯聚，亦以空宮論之）

註：以上為常見之星盤排列方法及位置，一般所見之排列均依此順序，為標準排盤模式，此章節應介紹排列星盤方法及順序，但因山人認為斗數之學習在於解盤論盤而非排盤，排盤這種基本功交給電腦程式即可，所以直接跟大家介紹星盤排列位置及說明。話雖如此，但排盤時所運用定理及規則，卻是要詳加研究，就像練功夫一樣，基礎的扎馬步不穩固，也很難晉升為武林高手。

4-2 宮位概述

如前所述，紫微斗數就是以紫微星為運行主星，納以南北斗及其他眾星宿排列組合而成，用以推論命主一生的際遇，因此只要將人事十二宮位安上，參酌各宮及宮內星曜屬性特質考量其間牽引及生剋制化等因素，即可推斷相關變化與 未來發展趨勢。

例如想得知命主財運，便須詳查星盤內財帛宮星宿組合特性及三方四正影響而定，依此類推，逐步推演出整體運勢。所以確實了解各星宿特性對於學習紫微斗數是很重要的，特性掌握了，再來學習判識技巧及行限、四化等問題，逐步進階，因此本書的編排順序也是如此，為避免讀者混淆，以分篇分章模式，逐步論述。

（1）命宮

命主的個性、特質、潛質、命格高低優劣、命運的整體走勢，為斗數論命的樞紐所在。

（2）兄弟宮

命主與兄弟姐妹間關係的判識宮位，如相處模式、互動關係（阻力或助力）、相處情形等。

（3）夫妻宮

為命主本身的感情觀及與配偶間的關係判識宮位，如：配偶的類型，背景、體型、家境、個性、感情觀、雙方之間相處的融洽程度等。

（4）子女宮

為命主與子女之間關係的判識宮位，如子女的性別，數量的多寡、相處情形及子女的個性、傾向，孝順或叛逆與否等。

（5）財帛宮

為命主此生經濟環境優劣的判識宮位，如：金錢觀、理財觀、財運的好壞

（如：偏財或正財）與錢財的多寡等。

（6）疾厄宮

主身體健康與疾病，但身體疾病部分仍應由專業醫師判定，不宜由此處推斷，如因此貽誤治療先機。但可依此提醒命主身體較虛弱之處，特別注意預防。

（7）遷移宮

為命主於出門在外（如：工作等）情形的判識宮位，如：運勢、機遇、人際間的互動好壞、對外在環境的適應能力等。

（8）僕役宮

為命主與朋友、同事或下屬間相處狀況的判識宮位，如：得力與否？朋友性情、傾向及彼此的相處關係等。

（9）官祿宮

為命主之職場或事業表現的判識宮位，如：職場運勢、機遇、企圖心、工作能力等。

（10）田宅宮

為命主本身擁有不動產或田產的狀況的判識宮位，如：住家環境、祖產、祖業或田產的多寡等。因「有土斯有財」，故可將田宅宮視為財庫的表徵。

（11）福德宮

為命主思想觀念的判識宮位，如：興趣、嗜好、格調品味、壽元、祖先庇陰或人生觀念等。

（12）父母宮

為命主與其父母或其他長輩的關係及相處模式的判識宮位，如：緣分親疏，家世背景及環境優渥、父母個性等。

第五章

星曜特性及組合解說

第五章 星曜特性及組合解說

5-1 十四正曜

5-1-1 紫微星

紫微

中天星、尊貴、皇帝、領導統御及個人特質品味格調

君臣慶會	在野孤軍	暴君	兒皇帝
1. 正曜府、相 2. 六吉輔、弼、魁、鉞、昌、曲	不見輔、弼	煞忌及空曜齊臨	遭六煞星夾制

說明：紫微為皇帝的象徵，因此紫微坐命的人通常喜歡掌權與領導統馭，有獨當一面的能力，個性上易有主觀、固執、自尊心重及高傲自大等基本特性。所以紫微坐落各宮位均以此特性來推理，自可了解紫微星在各宮之表意。

既然為皇帝，因此不同狀況的組成造成了不同的皇帝特性，最棒的格局當然是逢群臣拱照，得以發揮，否則也只落得了在野孤君獨力奮戰的下場，因此看到紫微星，首重左輔、右弼是否會合（原則上見其一即可視為「入格」），再以紫微架構優劣來判斷命主的成功顯貴機會。當然得到助力的能較有機會，但如架構不佳，則主其人多疑、猜忌、暴唳甚至有志難伸，當然離飛黃騰達，高官厚祿是非常遙遠的。

5-1-2 太陽星

太陽

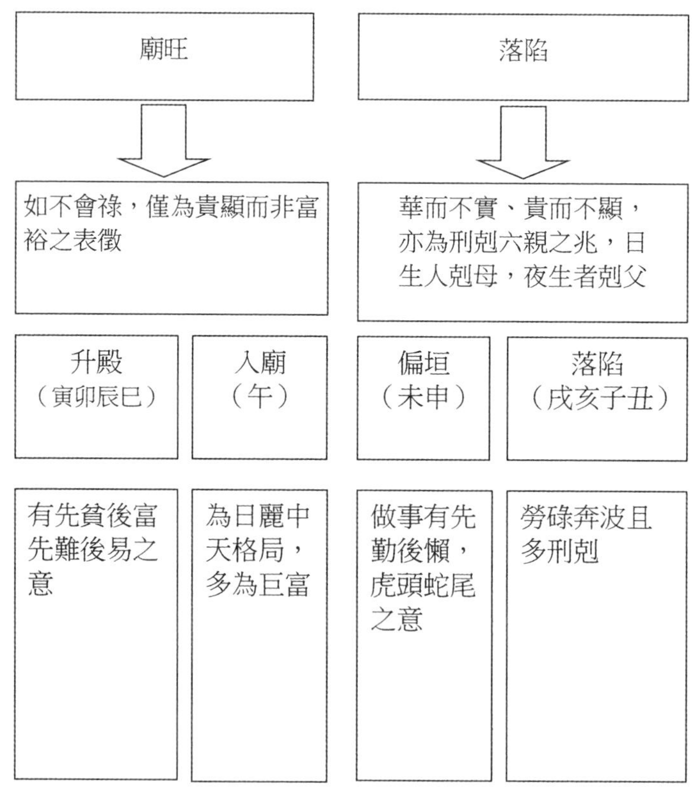
名聲、貴顯、男性表徵、博愛、光明、自尊、主觀高傲
廟旺
落陷
如不會祿，僅為貴顯而非富裕之表徵
華而不實、貴而不顯，亦為刑剋六親之兆，日生人剋母，夜生者剋父
升殿（寅卯辰巳）
入廟（午）
偏垣（未申）
落陷（戌亥子丑）
有先貧後富先難後易之意
為日麗中天格局，多為巨富
做事有先勤後懶，虎頭蛇尾之意
勞碌奔波且多刑剋

說明：太陽屬火，主聲名及顯貴，基本上如不會表財貨的祿存，僅表示名聲及身分地位的提升。而此曜為日亦為男性表徵，故有陽剛男性的特性，如：博愛、自尊心及好勝心強、高傲、主觀等特性。故此曜只宜坐男命，女命則絕對不宜，因過於陽剛，多為男人婆且因大姊頭的個性，因缺少女性特質，因此與男生相處總像哥們，不容易發展感情。

在紫微斗數中，太陽與太陰依據的是日出月沒的規律來入宮，故紫微斗數十二宮，亦可對應十二時辰。而太陽會因時間不同，光亮程度不同，在星盤上的表現亦有不同，中原地區，日出於卯，故太陽於寅、卯、辰、巳宮稱之為「升殿」，午宮及正午時分，太陽正豔，故稱之為「入廟」，居於未宮及申宮稱之為「偏垣」，居戌、亥、子、丑宮，則因太陽西下，故稱為「落陷」。因此判識紫微斗數命盤時遇到太陽時，除了就其基本特性來論解，更需就必須特別注意位於哪個宮位其廟旺程度為何。以常理來說，當然是廟旺太陽較落陷來的強，表現出來的差異就如同上圖所述。

太陰

女性表徵、富裕、個性浪漫、外柔內剛、完美主義、同情心

廟旺

落陷(或會煞忌)

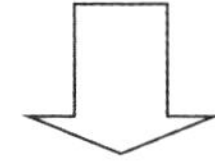

如不會煞忌，為富裕之表徵

華而不實、貴而不顯，為刑剋之兆。太陰落陷為剋母。太陽落陷為剋父

說明：太陰星為女性的表徵，因此太陰坐命的人往往都具備有溫柔婉約的女性特質，但此曜不宜落於男命，其理與太陽坐女命相同，缺少魄力、冒險及開創性。

而太陰本質亦具有豐富想像力，若與地空此類型的空曜相會，兩相加乘下更是多思多慮，疑神疑鬼，往往造成自己的困擾。也因此特性，因此不宜與天同、天梁、文昌、文曲等較不穩定的星曜同會(此曜與文昌、文曲星不可單會，但雙會可也)，因加強此特性，反倒造成自己的挫折。不過通常太陰坐命的人多是氣質型的帥哥美女倒是不可置疑的。

在斗數裏太陰為財富的表徵，所以最適合與代表財富的化祿、祿存、武曲等同會。可以說太陽屬於外顯的財富(如名聲)而太陰表示實際的金錢，因此在不逢煞忌且不落陷的情形下，通常較為富裕，經濟部分較不虞匱乏。

是故，在判識太陽與太陰時，除了就本身的星性做論解，更需注意其廟陷程度，日月均為光明的象徵，因此當然是亮度越強，對命主的運程發展愈好。

至於日月均落陷也就是「日月反背」的問題，山人認為不能單看星盤而定，因紫微斗數根源於天體運行及真實星曜與曆法，故在判斷日月反背時，必須以實際出生時的日期觀察月圓月缺，以判定太陰的落陷與否；以出生時太陽的明亮程度判定落陷與否。

若單僅以斗數星盤的運行排列組合來做判識，常會出現與實際情形不符合的狀況，根據山人實務以及研究經驗，日月在星盤上呈現反背狀況，但有相當成就的人也相當多。

那麼，該如何依據真實狀況來做判斷呢？例如某人出生於農曆75年7月5日午時，在星盤上顯現是日月均為落陷狀態。但實際上，午時的太陽正猛烈，不應以落陷論之；且初五之月亮應不至於到黯淡無光的程度，故命造並非為日月均落陷反背之情形，讀者須慎之，以免造成誤判。

貪狼

物欲、桃花、善變、善交際、圓滑、能言善道、聰明

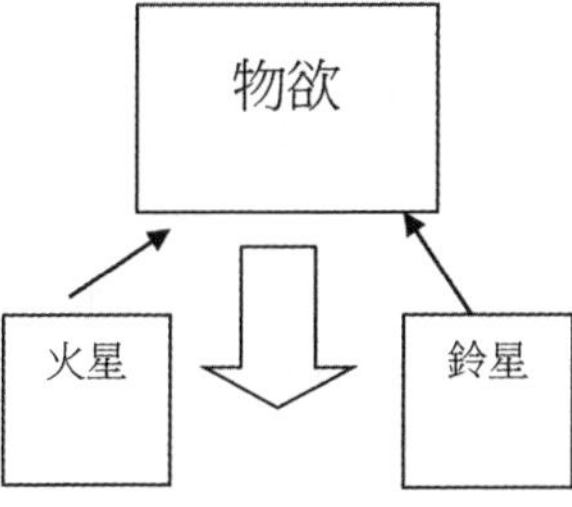

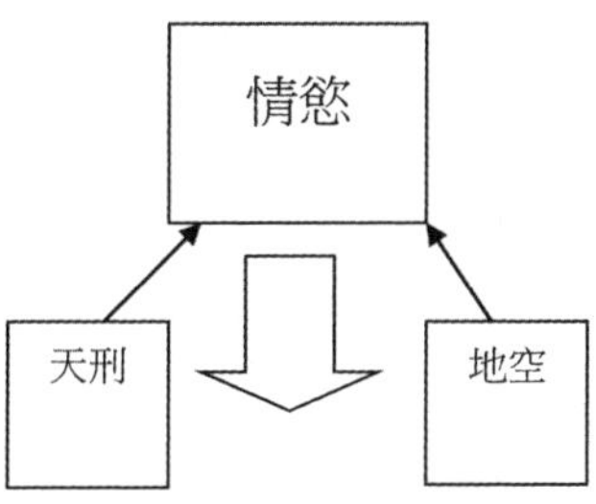

1.與紫微同宮(自私自利)

2.貪狼居於廟旺之地

3.與祿存同宮

1.廉貞（巳亥更甚）

2.桃花星宿(天姚、紅鸞、咸池、天喜等

說明：貪狼星如其名，為人類貪慾的象徵，為了滿足自己的慾望，自然具備有長袖善舞、精明、圓滑、能言善道等特性，人類的慾望，莫過於物欲與情欲，故此曜亦為斗數14正曜理第一桃花星。因此如果要掌握此曜於星盤上表現的特性，首先必須分辨出傾向物慾或是情慾，按上圖之組合便可了解。許多人看到貪狼，便認定此人酒色財氣，十項全能，卻忘了有相對應制化之星曜組合出現，其特性亦相對產生變化。所以常常出現誤判，甚至讓許多貪狼坐命的人高喊冤枉，這不是害人誤己嗎？

這也是山人一直反對單宮單星論命的原因所在，因過於武斷且容易失真。

至於剋制星曜有哪些呢？這問題還是從物欲及情慾傾向來談，如偏向情慾時，遇到天刑或地空此類星曜，因此類星曜有自制、錯失等本質，因此反倒造成了桃花雖旺卻總是錯開

甚至一再錯過的窘境，如偏向物欲時，遇到火星、鈴星這兩顆流氓星曜，得亦復失。

但並非貪狼坐命均不佳，如結構好的時候，反能轉化其缺點為優點，將善變滑頭的特性轉變為公關高手或藝人，斗數易學難精，一流與三流的論命者，差異就在能否正確了解星曜間制化影響牽引的相關變數，因此確實掌握各星曜特性，是進階的不二法門，學者謹記。

5-1-5

巨門星

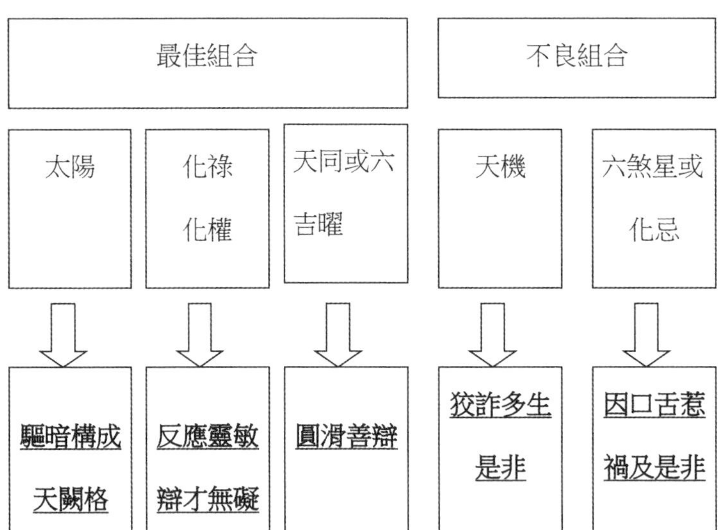
巨門
暗曜、遮蔽、多言、心直口快、背面是非、個性反覆、易招小人、多疑猜忌，故又稱為是非之星，組合佳反適以口為業
最佳組合
不良組合
太陽
化祿
化權
天同或六吉曜
天機
六煞星或化忌
驅暗構成天闕格
反應靈敏辯才無礙
圓滑善辯
狡詐多生是非
因口舌惹禍及是非

說明：巨門星又稱為暗曜，並不是因為他不夠明亮，而是明亮過度遮掩住別人的光輝，引申在人的行為上就是多言或多疑多忌，故此曜的基本性質就是言多必失，因此組合不佳時，自然容易招致口舌是非或是因此而惹禍，但組合佳時反適合以口為業。

因此並非巨門就是不好的星曜，例如太陽星，因為明亮，正好驅逐巨門的陰暗，使得多言的缺失轉化成辯才無礙或反應靈敏的優點，遇到六吉星等亦同此意，讀者可依據山人製作的圖解自行推敲。是故判斷巨門星時須特別注意其所會合星曜來做出綜合論斷，才不會失之毫釐，差之千里。

5-1-6 廉貞星

廉貞

雙重個性(陰柔(次桃花)、剛克(囚、殺)) 、矛盾(理智、感情) 難捉摸、好壞不定、帶官非、引人注目、反應快、多才藝、口才佳

斗數六煞			十四正曜						貪狼	
空劫	火鈴	羊陀	紫微	武曲	天相	七殺	破軍	天府	物欲	色慾
盲目、固執	五行相剋致災禍	絕決、極端	掌權	自私自利、官非	轉化為善、制化	過剛則折	絕情與極端	矛盾		

說明：廉貞在斗數判識裡最為複雜，因其組成之星曜繁多，又其本性帶囚殺之氣，但也包含陰柔的特性，故廉貞亦為斗數裏為第二桃花星。也因廉貞本質有理性與感性互相矛盾的狀況。所以判識廉貞星時亦須由此下手了解，觀察其三方四正會照星曜導引出來的特質是「囚」或「殺」，是「物慾」或是「情慾」，自然可以清楚掌握此曜在星盤上對命主的影響，如會煞忌，自然就將其絕決孤剋的特性給導引出，如會象徵慾望的貪狼星，自然就導出其慾望的特性，餘依此類推。

也因為廉貞難以捉摸的特性，因此在斗數裏組合最多的也是此曜，故在廉貞判識上增加了許多的困難，所以讀者只要依照山人所述方向理解研判，相信以後不會再碰到廉貞星就一個頭兩個大了。

5-1-7

武曲星

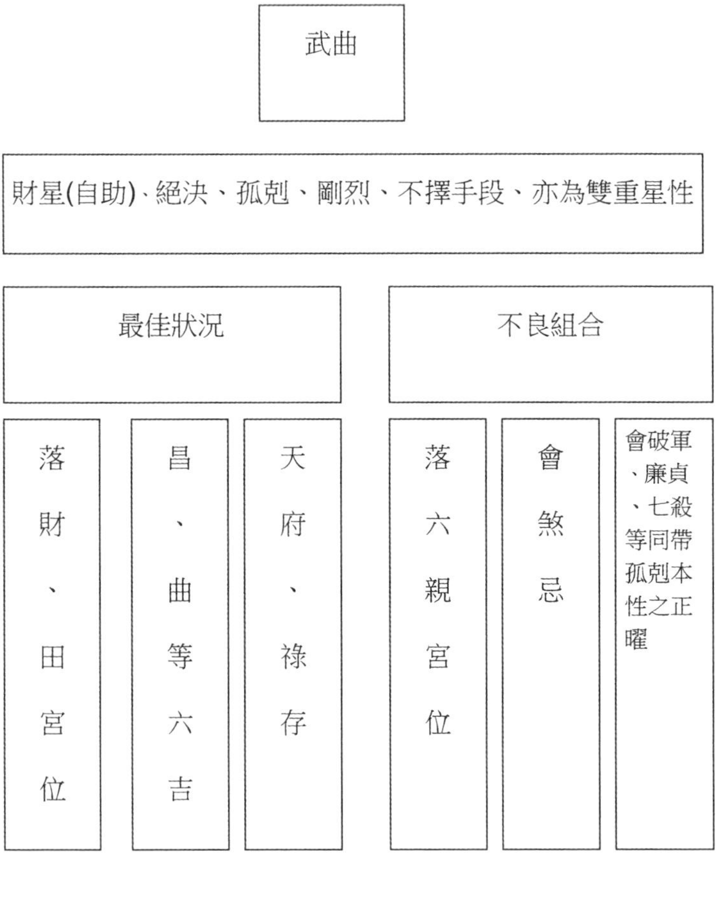

武曲

財星(自助)、絕決、孤剋、剛烈、不擇手段、亦為雙重星性

最佳狀況			不良組合		
落財、田宮位	昌、曲等六吉	天府、祿存	落六親宮位	會煞忌	會破軍、廉貞、七殺等同帶孤剋本性之正曜

說明：武曲為財星的表徵，因為在斗數基本盤中坐守財帛宮，但此曜本身並非帶有財富的本質，所以武曲之財要靠自己打拼，因為自助之財，而要得到財富，首要條件就是無情無義，六親不認，因此武曲隱含有此孤剋之味道，從此角度了解武曲，自然就能了解為何武曲不能坐六親宮或會煞忌或其他孤剋本質的星曜（如：破軍、七殺等），必因加乘效果，致使其孤剋本質更加惡化，增加自身波折；也因此曜的本質如此，故適合落財帛、田宅等宮位，當然最適合自身化祿或會祿存等代表財富的星曜，因財星得財，自然可以減少其孤剋本性，發揮其財富管理的長才，因此在判斷武曲時這些都是要特別注意的地方。

破軍星

破軍

七殺、破軍共通特性為:主觀、激進、追求刺激、個性強烈　是故一生多起伏波折

將星、主攻不守、勞力、先破後立、獨斷、穩定性不足、多起伏

最佳狀況

- 會祿、權
- 會四吉
- 英星入廟

不良組合

- 居官祿宮
- 不會祿
- 會煞忌
- 會昌、曲、天馬
- 會桃花系星曜

說明：破軍，在斗數裏表徵為將軍，也帶有孤剋的本質，且主攻而不主守，也基於此特性，故為破壞損耗（攻略城池）之意，由於為將者需四處征戰，其造成的變化是打破舊有僵局，開創新的局面（先破後立），故此曜為勞力型，且因變動性強，因此穩定性不足，且破軍為將星，無法守成，只能一直向前衝，穩定的環境對破軍坐命的人而言，往往是造成其苦悶的主因。但過度積極反倒變成盲目躁進，故此曜結局多以敗局居多。至於破軍的星性如何變成穩定呢？最重要就是要與象徵財貨的祿存相會或自身化祿，因得財貨後，自然得以守成，轉變動性強為穩定性佳的改變，因此並非破軍坐命者均勞碌躁進，難有大作為，重點是在其會合星曜而定，因此判識破軍時，其穩定性的有無就是重點所在。

此曜與其他星曜相同，均喜歡與六吉星來會，但唯獨文昌、文曲不宜，因此曜過於柔弱，為將者不宜，例如李白為詩仙，其強項在文學創作，如讓其帶兵打仗，大概未出征就先敗了，古曰：破軍昌曲，一介貧士，其意便在此。又破軍星如組合不佳（如遇到天馬或其他桃花系、孤剋類星曜），更是註定一生漂泊多是非且勞碌無成的下場。

5-1-9 七殺星

七殺

帥星、勞心、有謀略、決斷、剛克、絕決、急躁、衝動
行動力強、獨立自主、急躁、衝動、多起伏波折

最佳狀況		
與紫微同度	會輔弼魁鉞	七殺朝、仰斗

不良組合			
會昌曲	會羊陀	會火鈴	落陷或居絕地

說明：七殺在斗數裏為帥星，屬於勞心性質，與破軍將星不同，為帥者有謀略，如以古代軍事體制來說，主帥受命於君王，將軍受命於主帥，因此雖然七殺與破軍的本質相似，但因設定之屬性不同，因此七殺星可為權力的象徵，也因為帥，故不似破軍需四處征討，相對而言穩定性較高。尤其當紫微與七殺同度時，由於直接受命於君王，故為權利的象徵，結構佳者（加會六吉星）更是權力核心中的決策者。以此角度來理解破軍與七殺變不容易混淆。

雖說命坐七殺者能力及衝勁均強，非常適合衝刺事業，古曰：（七殺）朝斗、仰斗，爵祿昌榮。但為將帥者本身個性必帶孤剋及決絕，因此一生起伏波折都較大，所以此類型星曜均不宜與煞忌相會，因引發出其不良本質，加乘效果下，致使行為模式過當，正所謂過剛則折，所以往往帶來相當大的災害，古曰：七殺破軍，專倚羊鈴之虐。其意便在此。

且因為破軍與七殺永遠在三方四正中相會，所以七殺坐命的，三方定然形成殺破狼格局，因此縱使組合星系極佳，但亦須經過一番奮鬥方能有成，切忌不宜投機。

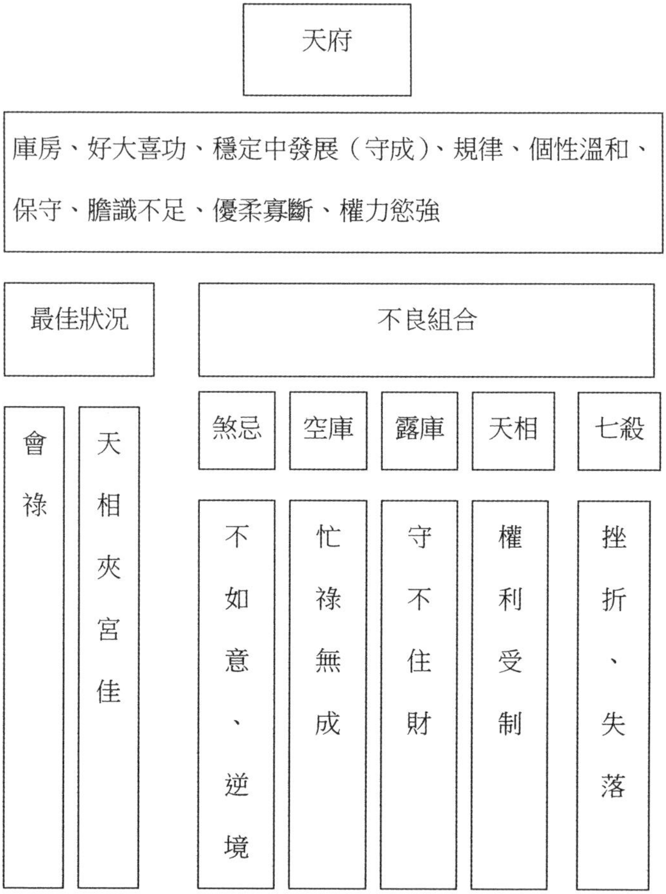

天府

庫房、好大喜功、穩定中發展（守成）、規律、個性溫和、保守、膽識不足、優柔寡斷、權力慾強

最佳狀況	
會祿	天相夾宮佳

不良組合				
煞忌	空庫	露庫	天相	七殺
不如意、逆境	忙祿無成	守不住財	權利受制	挫折、失落

說明：天府星基本上可從兩個角度來談，首先因此曜是南斗主星，但因斗數是以紫微為尊，故雖其性質相同，但從屬於紫微，因此天府坐命者雖然同樣有權力慾望，但相對而言顯的保守，因其決斷及領導力均不如紫微，但也因為如此，故其穩定性較紫微佳，卻因同為主星的關係，因此心中難免有點好大喜功的心態，尤其是與同為主星的紫微相會後更甚；第二個角度是庫房，所以如不與象徵財貨的祿存或化祿相會，就像皮包裡面沒有裝錢一樣，就是所謂的空庫，如果庫房遭煞忌來衝，就是所謂的露庫，也可以說是有財無庫，且因煞忌諸曜帶來的衝擊，因此在求財的部份也顯的相對困難，因此如果星盤上天府星系整體結構組合不佳，此生想要金錢無虞，只能說，要比一般人更加倍的努力了。

最好的狀況當然是有庫有財，但這樣足夠嗎？之前曾經談過，紫微星宿就像一個朝廷，有財有庫不代表一定能使用，還需要透過象徵印信的天相星，也因此，此兩曜必定在三方四正中相會，所以天相星也須有好結構，才能形成所謂府祿相三合，有財、有庫、有印信，自然在金錢的運用上得以順心如意，得心應手；但若天相星結構不佳，縱使有財有庫，也只是看的到吃不到，徒增自己的困擾與挫折。

5-1-11 天相星

天相

善良、熱心、具正義感、樂於助人、重信守義等，但缺乏明顯特質，較易隨波逐流(隨會照星曜而改變) 。**天相重夾宮**

最佳狀況

- 財蔭夾蔭
- 夾宮星曜佳

不良組合

- 火、鈴：殘疾或成就難持久
- 化忌：個性怪異，宜專技人員
- 夾宮不佳：
  - 刑忌夾印
  - 煞忌夾制

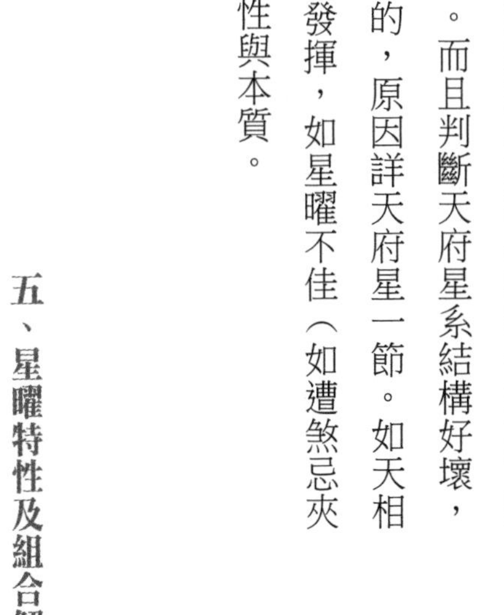

說明：天相星，古來均評為善曜，因其本質為掌印官，沒有強烈個人特質，也不能有主見，多與人為善，故其化氣為善原因即在此。但因沒有主見，所以週遭環境對其影響也大，可說是遇善則善，遇惡則惡，因此評論天相星時須特別注意其結構方能正確判定。一般星曜均以研究三方四正組合而論，因其帶有善的本質，會合其他煞忌星曜反可有調和作用（但火星、鈴星除外），如廉貞雖帶有惡質本性，但遇到天相反能收斂其惡性，因此評定此曜必須看他的夾宮狀況（週遭環境）優劣而定。而且判斷天府星系結構好壞，天相的夾宮狀況是最重要的，原因詳天府星一節。如天相夾宮星曜佳，則自然得以發揮，如星曜不佳（如遭煞忌夾制），自然得以發揮其特性與本質。

5-1-12

天機星

天機

軍師、智慧、反應靈敏、謀略策劃、善變、穩定性差、鑽牛角尖

最佳狀況		不良組合					
太陽	文昌文曲	化忌	擎羊	陀羅	火鈴	天刑	空劫
發揮用世	聰明、靈敏	陰險猜忌、失眠等	失敗	失算、失策	多慮、失良機	官非、是非	空想不實際

說明：天機，是聰明機敏的象徵，在斗數的星體虛擬政府中扮演軍師的角色，因此天機坐命者其反應思緒及口才均相當敏捷，也具備聰明、足智多謀等特性，也因為如此，聰明過頭反成災，因此天機亦有善變、猜疑、多思多慮的味道。尤其是其會合星曜不佳或天機化忌者，將此性質往陰暗面引導，因此組合不佳者易有多愁善感，鑽牛角尖、猜疑心重的毛病，且多有失眠或腦神經類的毛病。

而天機最愛廟旺的太陽會照，形成天闕格，表示其聰明才智能得世所用，發揮長才，但因謀士軍師的本質，故仍以從屬為宜。

5-1-13 天梁星

天梁

原則性強、重紀律、主觀意識強、威嚴、孤忌(清高)、慈悲、照顧他人(蔭星)、熱心、多管閒事

最佳	不良組合				
	祿	羊陀	空劫	天馬	天刑
陽梁昌祿	受猜疑、財務困擾	傷風敗俗	放浪、不切實際	飄盪、難穩定	原則性過強、鐵石心腸

說明：天梁，在斗數世界裡扮演風紀官的角色，因此天梁坐命者多具強烈的正義感與原則性，照護弱小，志節清高，但個性高傲帶點孤僻，這些都是風紀官的特色，又因化星為蔭，因此有逢凶化吉的功能。但因其帶孤僻的特性，因此不宜與天馬、空劫、羊陀等類煞星相會，改變其性質往不良的方向發展。

尤其是與祿存或化祿之類的星曜相會。此類星曜表財貨，眾星皆愛與其相會，惟獨天梁不宜，因天梁為風紀官，風紀官擁有金錢財貨，反倒引人猜忌。也因此不宜創業，必因財而惹麻煩。由於強烈的原則性，因此亦忌諱與天刑相會，因導引出其刑罰的特性，轉化成鐵石心腸，不通人情，讓人難以理解。

5-1-14 天同星

天同

福星、散漫、軟弱、積極度不足、不切實際、平穩、享樂主義、精神較空虛。

最佳狀況		不良狀況		
會煞忌	三奇加會	不遇煞忌	會吉星過多且不遇煞	會天馬、空曜及地劫

說明：山人常說，斗數玄妙總在高人一掌中，吉無純吉，兇無純兇。研究到現在，相信大家都知道任何星曜都不宜與煞忌相會，因煞忌會帶來挫折與不安，轉化整體星曜組合，由吉轉兇。但偏偏天同星與所有星曜反其道而行，因此曜不與煞忌相會反為災厄的來源。此話怎說，天同星化氣為福，在斗數正曜中唯一帶有福氣且不含任何惡劣本質之星。因此天同坐命天生是享樂主義者，對事情樂觀以對，常常讓人感到個性像個大小孩，因此星本質如此。以正面的觀點是好的，但過於貪圖享受反到讓本性顯的散漫、軟弱、不切實際，故不宜與星曜性質較浮動的相會，如天馬、空曜類、地劫等，會使不切實際的情況更為嚴重，讓自己感到挫折，也不宜與吉星會照，因三方扶持力量過多，外在環境太過安逸，致使此曜不思進取，更加的軟弱消極。因此，此曜只有會同煞忌，才能夠刺激其軟弱本質，朝向正面發展。俗云：為母則強，並非為人母者本身特質就很堅毅、剛強，而是在不得已的環境之下逼使原為愛幻想、浪漫不切實際的小女生要轉化為人母的角色，因此必須要逼使自己具有此特質。

因此古人說：天同可制災解厄，化氣為福，此福不是遇到煞忌阻礙侵擾可自然化解，而是因此將阻力轉化成動力，就像上節舉述的例子，對於此曜，必須如此理解。

故如以此觀點來理解此曜，便可知道，如天同化祿坐命再會祿存且與六吉星同會，此時將帶來極大的災難，因福氣過多，過與不及均為災，故此組合之人，如非帶殘疾過一生便是早夭短壽（詳註1）。

某些斗數門派稱天同是福星，所以十天干四化中，唯有天同不化忌，但如以此山人論述的角度來理解，天同能有不化忌的可能性嗎？（詳註2）

註1：古代科技不發達，因此小孩如天生有重大疾病通常會以夭折收場，但因現今醫學進步，故此早夭短壽一詞，以現代解義應該是自小體弱多病，走醫院像走廚房，不易扶養。

註2：天同化不化忌這個問題，各門派均有其所論述及其所本，此言論純屬山人個人研究心得，特此聲明。

5-1-15
享樂星宿組合及其差異

十四正曜都談完了，相信大家對與此所有星曜的基本特質與組合都能清楚掌握，不至於混淆錯判。因此山人在此節特別述敘斗數裏常見的兩類型享樂星宿組合（廉貞與貪狼、天同與天梁）及其性質上的差異，其圖解如下：

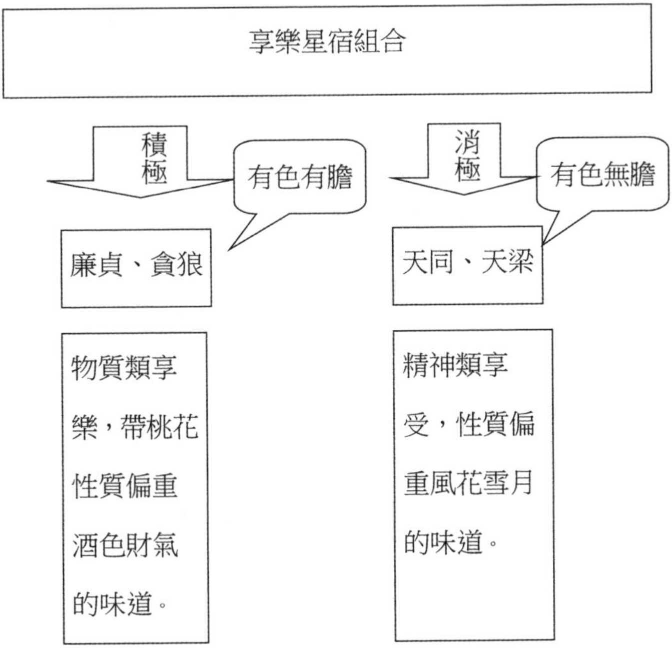

享樂星宿組合

積極	消極
有色有膽	有色無膽
廉貞、貪狼	天同、天梁
物質類享樂，帶桃花性質偏重酒色財氣的味道。	精神類享受，性質偏重風花雪月的味道。

說明：廉貞與貪狼此兩曜本質積極進取，對於心所嚮往的事物，會積極努力爭取，因此山人評為「有色有膽」型，既然是如此，自然偏向酒色財氣類的享樂；至於天同與天梁，因積極度不足，因此山人評為「有色無膽」，因此精神上的享受較多（因只敢空想、幻想），無怪乎此星曜組合偏向「風花雪月」呀。世事利弊參半，斗數也是如此，吉無純吉，兇無純兇，相信十四正曜研究到此，大家應該都有此觀念，也能夠理解空想幻想因為虛浮，故頂多造成精神空虛，但酒色財氣類的過度積極，反倒造成自己困擾甚至引來殺身之禍或牢獄之災，因此廉貪坐命且整體組合不佳者不得不慎之。

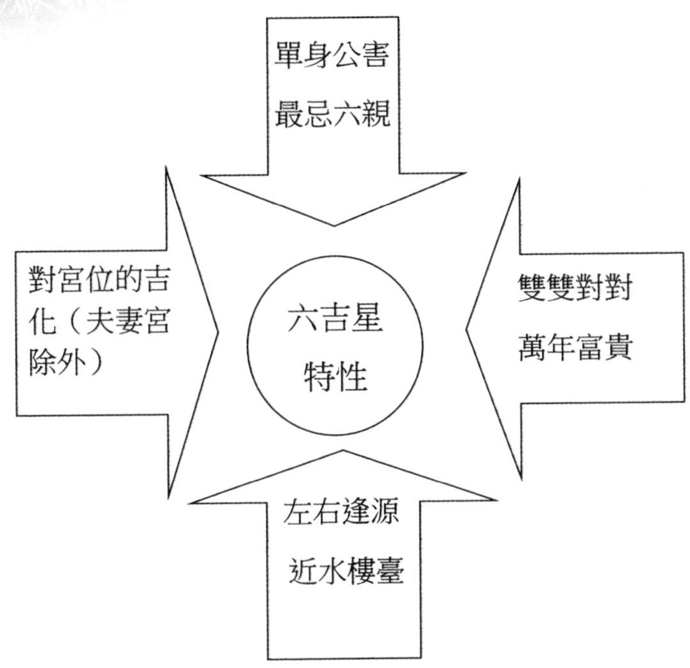
單身公害
最忌六親
對宮位的吉化（夫妻宮除外）
六吉星特性
雙雙對對
萬年富貴
左右逢源
近水樓臺

說明：六吉星，顧名思義就是對各宮位內星宿的吉化，如一開始所述，十四正曜本身只有星性沒有吉凶，吉兇的判定端視六吉星、六煞星及四化星的影響而定，這點是有心進階斗數研究者必備的基本常識，不了解這一點，永遠只能在斗數的門口徘徊，難一窺堂奧。

至於六吉星是否均為吉化的作用呢?答案是否定的，如果這麼簡單的話，那就未免太小看中國老祖宗千年文化大國的智慧了。

斗數易學難精，其重要的分際也在此，一般的論盤者，只知道見宮位吉星是好事，卻完全忽略了，吉星要起作用也必須要有他成立的條件，因此總是錯誤連篇，至於吉星能夠對宮位起吉化作用的條件或特性有哪些，如上圖示的4個條件，茲解釋如下：

a. 雙雙對對，萬年富貴

六吉星都是成雙成對出現在星盤上，為避免讀者混淆，因此接下來章節亦會依此特性合併介紹。至於此話的意思不難理解，就是六吉星必須要成雙成對出現在宮內，才能發揮其作用，舉例來說，天魁、天鉞兩星曜是貴人的象徵，故就一般狀況而言，此兩曜對拱或於三方四正匯聚的宮位，命主的貴人就在哪方，如在父母宮對拱，其貴人便是其父母，餘依此類推。

b. 左右逢源，近水樓臺

所謂近水樓台先得月，那要得到吉星助力的另一條件就是左右逢源，何謂左右逢源?就是夾宮。舉例來說，文昌文曲為文學才藝類的吉星，如夾命宮，一般而言可判定命主出身環境佳，具有文學天份等，從理解的角度來看，命宮的後一宮是兄弟宮，前一宮是父母宮，而昌曲為文星的象徵，如父兄輩都有文學天份，也就是出身於書香世家之意，在潛移默化下，自然對於文學部分的才華較一般人突出，而古代科舉取士，重文輕武，因此古代出身於書香世家的人，通常不是父親就是兄長通過考試擔任官員大吏，且因古代受教育屬於有錢人的專利，因此昌曲夾命除表示其出身良好，家境也許不算富裕，但至少不會太差，古曰：昌曲夾命主貴。但並未言富，其意便在此。

但突出並不一定代表能因此而貴，畢竟夾宮是父兄所塑造的環境所致，並非自身的才華，放諸四海皆準。這點是討論夾宮時要特別注意的。其餘吉星夾宮的狀況，請讀者自行類推。

c. 單身公害，最忌六親

此話就是指吉星必須成雙成對出現，絕不可單見於各宮位，落於其他宮位最多就是發揮不了作用，但落於六親宮位可就不佳了。舉例來說，左輔、右弼是命主能否得到助力的觀察重點，但如果單見於父母宮，基於雙雙對對，萬年富貴的原則，因此落單發揮不了作用，換句話說，可表示父母助力不足，組合再不佳的時候，便為命主有異性兄弟姐妹或是離宗庶出之意。因此吉星單身，又落於六親，確實是禍害無窮。

綜上所述，六吉星要起吉化亦或是劣化的作用，都必須要考量此三大重點。

人助類型

助力來自於朋友、同學、同事等

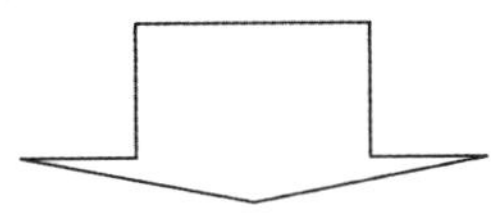

左輔	右弼

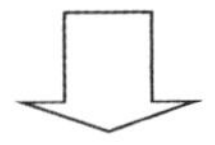

雙雙對對 左右逢源	單身公害 最忌六親
對命主的助力來源	因助力不足，孤軍奮戰格局，落六親宮更不宜

說明：吉星基本上可區分為天助類型與人助類型，天助類型表示為上天賜與的助力或特性，以因果的角度來看，就是一個人的福報；如象徵貴人的天魁、天鉞；而自助類型的表示為來自同儕團體（朋友、同事、同學等）的助力，而左輔、右弼，顧名思義就是來自於左右八方的助力，就如同劉備身邊的關羽、張飛一樣，因為得到這些助力，因此不善征戰的劉備得以三分天下，故此兩曜對宮位的吉化特性就是助力，但助力畢竟還是要經過一番努力方可成就，因此輔弼拱命且結構佳者，仍需靠後天的經營方能有成，這就是天助型與人助型星曜的差異，對六吉星的特性，必須如此理解。

例如左輔右弼如在父母宮互拱或夾宮，一般而言可表示命主的父母是其助力的來源，餘依此類推，如前所述，六吉星必須要成雙對方可發揮作用。因此輔弼必須要在三方四正中相會或夾宮方可有作用。如形成單身公害時，最怕就是落入六親宮位，如父母宮或夫妻宮；落於父母宮則為庶出或有異性兄弟之兆，落於夫妻宮（尤其是右弼），更是另一半出軌的主要影響因素（如搭配桃花系星曜尤確）。其因為何？因親人間的事情多為與命主間的私事，此時若有助力出現，因對實際情況了解不夠清楚因此過多的關心反倒成為阻力的根源。如夫妻爭執冷戰時，身邊的三姑六婆加入戰局，只是把感情問題搞的更僵，造成怨偶或是更加的不和諧。此時出現異性適時關心（桃花星宿），自然容易出現第三者或外遇的問題。

因此吉星並非在任何情況都是良好的轉化，但只要記住山人此節所提的兩大原則，十六字真言；基本上就可理出個頭緒，不至於誤判。

5-2-2 天魁星與天鉞星

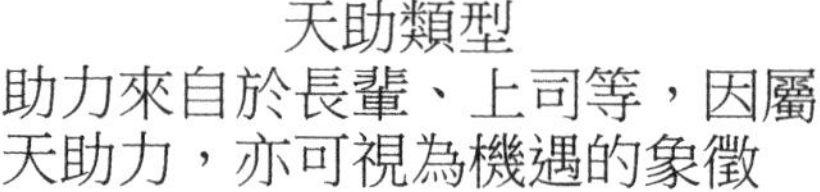

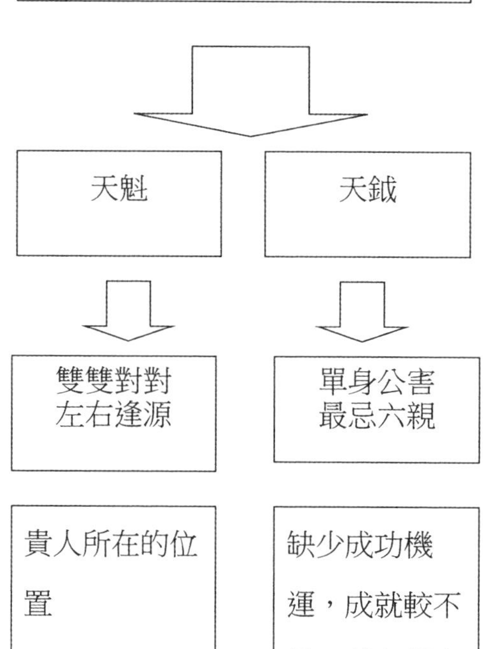

貴人所在的位置

缺少成功機運，成就較不易，落六親宮更不宜

說明：天魁、天鉞這組星曜，表示的是來自上級、長輩的助力，其中天魁表示男性貴人，天鉞為女性貴人；而得到此等提攜，以因果而論，為上天賜給的福報，也可稱為天助類型的星曜，因此亦可視為機遇的象徵。因此一般狀況下，魁鉞互拱、相會或夾宮的宮位，往往是命主的貴人所在。

此組星曜因屬天助類型，因此不太需要自己努力便可獲得成就，此點與左輔、右弼屬自助類型的星曜有根本上的差異。就像金庸武俠小說裡的韋小寶，武功不是頂好，文采也一竅不通，在古代科舉取士的制度下，要擔任朝廷大員，簡直是不可能的事。但因天生好運，得到康熙皇帝、陳近南等上司長輩的提攜，因此得以縱橫四海，精采過活。而上節提到的劉備呢？雖然兩人得到的成就都是令人滿意的，但其間的歷程，差異卻極大，一個是輕鬆愉快，另一個卻是妻離子散、浪蕩天涯、終身勞累奔走。以此角度來理解，自然就能分辨天魁、天鉞與左輔、右弼這兩組帶來吉化的星曜在根本上的差異了。

援例，此組星曜亦需雙雙對對，才能保證萬年富貴，因此魁鉞拱命的人一生多機遇。要得到賞識，當然要又與眾不同的才華，才能被發掘。就像韋小寶，

五、星曜特性及組合解說

五、星曜特性及組合解説

靠著他的三吋之舌，得到終身的榮華富貴，因此古曰：天魁天鉞，蓋世文章，其意便在此。

而此局一般均視為所謂的公門格局，在現代來講就是公務員（古代為官員）。因此如於大限或流年命宮見到魁鉞互拱，且星曜組合佳者，通常去參加國家考試都能有無敵的考運，錄取機率自然高，此點與文昌、文曲的表現相同。

至於單身公害，最忌六親這八字真言的緣由與輔弼相同，此節便不再贅述。

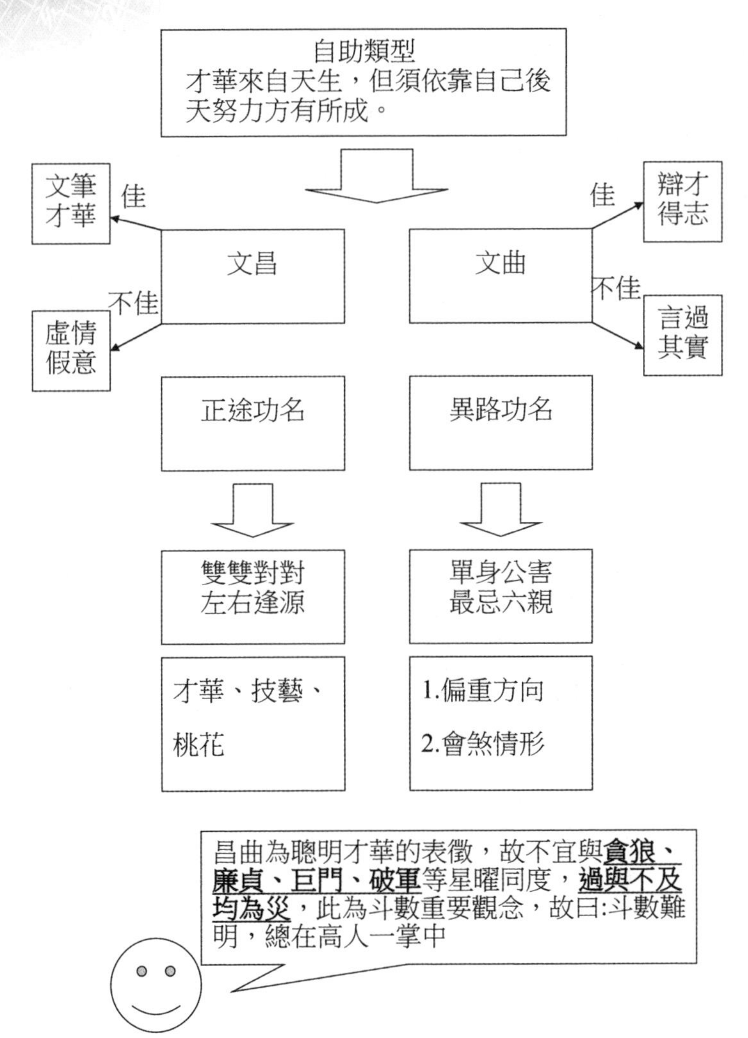
自助類型
才華來自天生，但須依靠自己後天努力方有所成。
文筆才華
佳
文昌
不佳
虛情假意
佳
辯才得志
文曲
不佳
言過其實
正途功名
異路功名
雙雙對對
左右逢源
單身公害
最忌六親
才華、技藝、
桃花
1.偏重方向
2.會煞情形
昌曲為聰明才華的表徵，故不宜與貪狼、廉貞、巨門、破軍等星曜同度，過與不及均為災，此為斗數重要觀念，故曰:斗數難明，總在高人一掌中

說明：文昌、文曲這組星曜，為何山人會分類為自助型呢？

因為一個人是否有文學方面的才華，是決定在上天，但縱使天賜好文采，自己不努力，也是惘然；故此組星曜必須要靠後天努力方可有所成，但至少比起沒有此天份的人來的簡單多了。古曰：文昌文曲，不讀詩書也可人，可見一班。

至於此兩曜的基本差距，就在於求取功名的方法。文昌星顧名思義就是以正統科舉考試方式，因此又稱為正途功名；而文曲星就是以口才或技藝方式得到，如戰國時代的蘇秦靠著三吋不爛之舌，佩掛六國相印。

因此若命宮單見文昌星，如有意願從事公職，一般而言需透過正統方式（如高普考等）謀個一官半職；至於文曲坐命，則適合以技藝或口才類取得，如擔任民意代表或是學者從政等非循正統文官體制內模式。在實際論命時，必須針對此兩曜的基本特性來做相關的建議。

由於此類型星曜屬自助類型，因此外在環境（三方）及周邊（本宮）的影響是相當重要的，古曰：過與不及均不宜。因此若三方四正會合星曜不吉，則其優良的本質將遭劣化，如文曲本為口才無礙之意，劣化後反倒變成了言過其實之徒；文昌亦是如此，原主文筆才華，劣化後反倒變成了文過其實。事物均有其一體兩面，此點是論命者須特別注意之處。

如前所述，吉曜均需雙雙對對，方能保證萬年富貴，當然此曜也不例外，顧名思義就是帶來文才、技藝，與天魁天鉞一樣，都屬於所謂的「公門命格」，古人評為：文昌文曲，驚人甲第，亦可稱為「文星暗拱」格，可見此組星曜的威力，確實驚人。

但須特別注意，此曜亦帶有桃花意味，其理由很簡單，一個人如果很有才華，自然容易得到異性的青睞，如本土天王周先生，命宮就是昌曲對拱，但因昌曲受外界影響較深，屬於爛桃花或好桃花，就得看周邊會合星曜而定了。

援例，此組星曜亦不喜歡形單影孤，其因如同前述，因屬自助類型，受周邊及外在影響很深，因此古人評其為浮動性質。縱使成雙成對，但遇到情慾、物慾、孤剋性質的星曜（如：貪狼、廉貞、巨門、破軍與煞星時），其性質改變更為明顯，如單見時，更是危及自己的前途與性命，如鈴昌陀武格，古曰：限至投河。至於此組星曜不良組合有哪些，茲分述如下：

（一）昌曲會廉貞，見擎羊，其人必虛偽奸詐。

（二）文曲廉貞，公門胥吏。

（三）昌曲與貪狼同宮，則易沉迷於酒色財氣中。

（四）昌曲廉貪於巳、亥宮同度或對拱，加煞忌，為粉身碎骨或夭亡的格局。

（五）昌曲巨門為喪志的表徵。

（六）武曲文昌同度，陀羅鈴星同會，古曰：鈴昌陀武，限至投河。

（七）廉貪＋昌曲，主人恃才傲物，加煞則易因此惹禍。

（八）貪狼居子宮，為泛水桃花格，再加會昌曲則桃花的力量更大，再見煞忌，則為桃花劫的標準格局。

（九）太陰，單見文曲，則其人心機深沉，善於算計。

（十）天機見昌曲，為聰明過頭之意，反轉化成為小聰明或工於心計，最終仍難有善了。

(十一)太陰落陷又單見文曲，再見桃花及煞忌，亦為桃花劫的一種組合。

(十二)昌曲夾夫妻宮，感情易生困擾。

綜上所述在判識文昌文曲這兩曜時，須特別注意，看到現在，相信大家都已經清楚，吉星並非全為好事，仍須考量其會合狀況而定，所以三方四正的論法，絕對是恆古不變的基本原理。也因此山人最討厭單宮單星的論法，雖然學習容易，但容易偏向過於武斷與失真的情況，更重要的是污辱斗數創始人的智慧及違背道家禍福相倚的自然法則。這也就是許多人會覺得斗數易學難精的道理，不是難精，而是自己挑了太簡單的學習法，自然學了半天，功力仍然是鴉鴉烏。論自己不準就算了，如果還害求問者走錯方向誤入歧途，與造口業有何差異呢，而命主如果因此而受傷害，其因果循環的業障更加沉重。習者慎之。

5-3 六煞星

5-3-1 煞星互煉理論

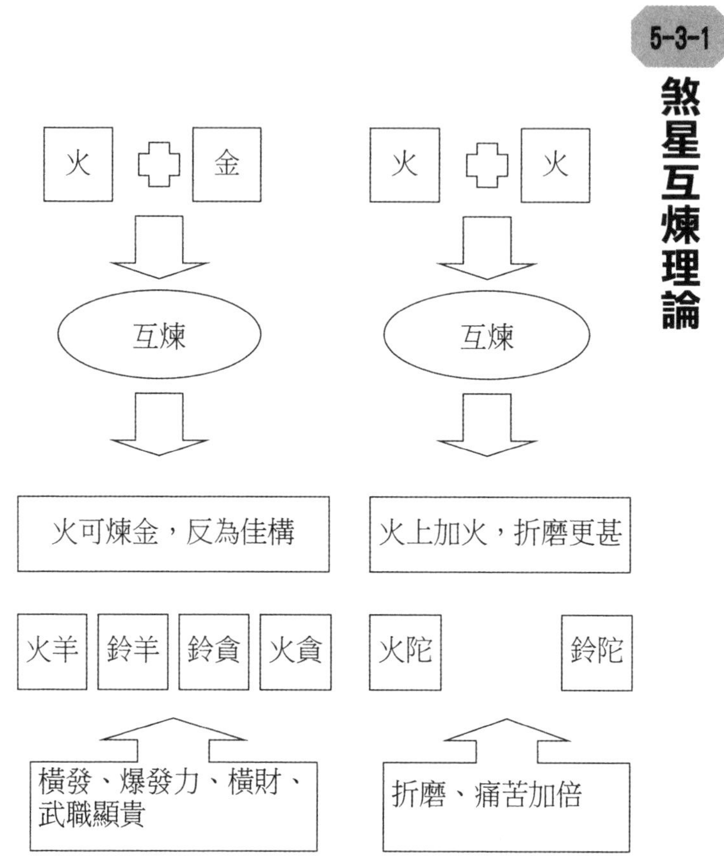

說明：提到六煞星，首先必須清楚認知煞星互煉理論，方可清楚掌握其特性，斗數理論中，吉無純吉，兇亦非純兇，這是個很基本的概念，因此煞星雖不佳，帶來了逆境與不順利，但也因此刺激了人的成長，就像軟弱的天同星，缺了煞星激發，更顯的儒弱無力。也因此命帶煞星的人，衝擊力過強，因此較宜從事武職（如：職業軍人、警察及專技人員等）。

而煞星也與吉星一樣，成雙成對，帶來的災害是一明一暗，針對此特性，故本節仍以組為單位來介紹，以免混淆。

適當的煞星組合，反倒能扭轉整個命局，以五行生剋而論，金火本相剋，但也因火可融金，反倒減損了煞星帶來的災害與劣性，因此恰恰成為「奇格」，如上圖示的火貪、鈴貪等，因衝擊力更強，特別適宜以武職顯貴。

且命帶此格局人，財常橫發，許多人暱稱此局為「橫財格」，尤其行大小限或流年逢本命祿或化祿引動，那財運更是無比亨通。但橫發後總是橫破，這是一個定理，錢財就是怎麼來怎麼去。以山人這幾十年的經驗，但凡命宮三方四正構成此橫財局者，有其財宮或田宅宮多數都受地空、地劫侵擾，財遇土匪或詐騙集團，自然破耗難留，各位不妨自行驗證，便知山人所言不虛。

那麼，既然火金相煉成為奇格，那火火相會呢?聰明的你應該猜到了，就是痛苦挫折加倍，此情形就像在已經著火的房子上再淋上汽油點上一把火，火勢會有多猛烈，所以此結合帶來的痛苦是極為兇惡的。

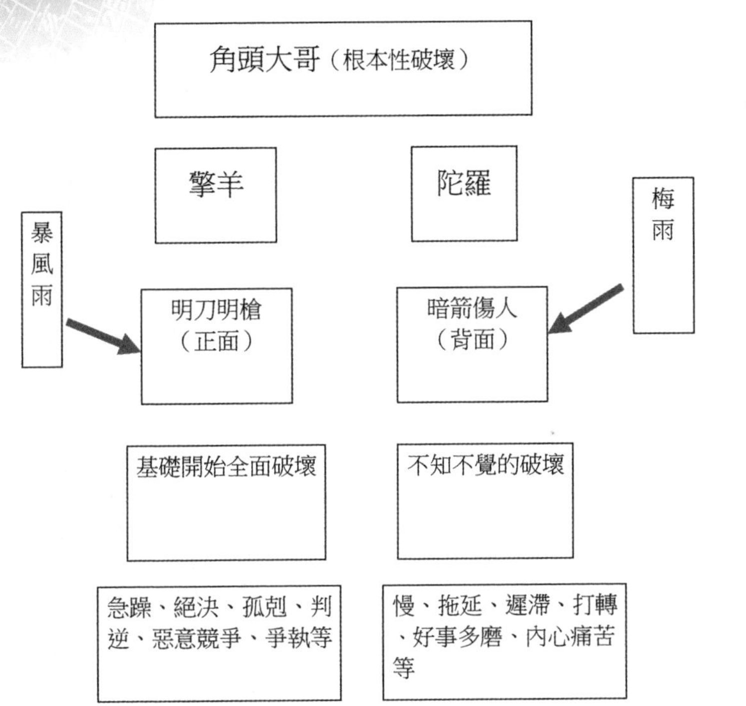
角頭大哥（根本性破壞）
擎羊
陀羅
暴風雨
梅雨
明刀明槍（正面）
暗箭傷人（背面）
基礎開始全面破壞
不知不覺的破壞
急躁、絕決、孤剋、判逆、惡意競爭、爭執等
慢、拖延、遲滯、打轉、好事多磨、內心痛苦等

說明：擎羊、陀羅這組煞星，山人暱稱為「角頭大哥」，因其特性與火星、鈴星類似，都是帶來破壞、逆境及不順利的星曜，以衝擊力而言，當然是角頭大哥來的嚴重，至於火星、鈴星，山人暱稱為「流氓」，可想而知，期間的差異了。

而擎羊、陀羅這組煞曜在斗數裡可謂超級大煞星，大部分的星曜都不喜歡與其相會，如太陰擎羊的組合，古曰：必人離財散，但煞星絕對不佳嗎？非也，只要讀過上章的理論後，相信大家都很清楚了，在此也不在贅述。

記得六吉星那章嗎，吉星需要雙雙對對或是左右逢源才能發揮效用，絕不可形單影孤。但六煞星因為是斗數世界裡的大壞蛋，所以不需要遵守此原則。所以只要形單影孤，便能帶來極大的破壞，如財庫位(田宅宮)逢此兩煞侵襲，就可論為破庫，縱使你再會賺錢，但有財無庫，最後的下場就是：來來去去，空歡喜一場。如果煞曜成雙成對或左右逢源，那這下可真慘了。因此兩曜的特性，一明一暗，因此當她們成雙成對時，檯面上挨打與檯面下破壞扯後腿，可想而知帶來的影響有多嚴重了。

擎羊由於化氣為刑，但此「刑」，指的是刑罰而非法制，因此帶來的破壞是屬於明刀明槍的破壞，而且通常是從基礎整個連根拔起，如：做生意的人遇到惡性競爭、或是惡意併購等。如落命宮，表示命主脾氣暴躁易怒，難以相處，且通常身上帶有傷疤，都是因為此曜剛烈強大的破壞力所致。

陀羅，帶來的破壞，顧名思義（陀螺），就是原地打轉、遲滯、拖延等，所以此破壞就是從暗處而來，往往在不知不覺中，遭到打擊挫折。如遭員工或股東惡意掏空、談重大生意時飛機誤點或車子拋錨等好事多磨的狀況發生，也因此特性，故命宮見陀羅的人，通常較為陰沉，善於算計，屬於暗箭傷人類型。

這樣形容或許有點難以理解，以大自然為例，擎羊就像大雷雨，一瞬間天搖地動，山崩地裂；而陀羅就像梅雨，小小的下，慢慢的侵蝕，逐漸破壞，此種破壞是長期的，因此對於命主而言常常是不知不覺的，更難以閃躲。因此命見此兩煞者，基本上皆不宜經商求財。

5-3-3 火星與鈴星

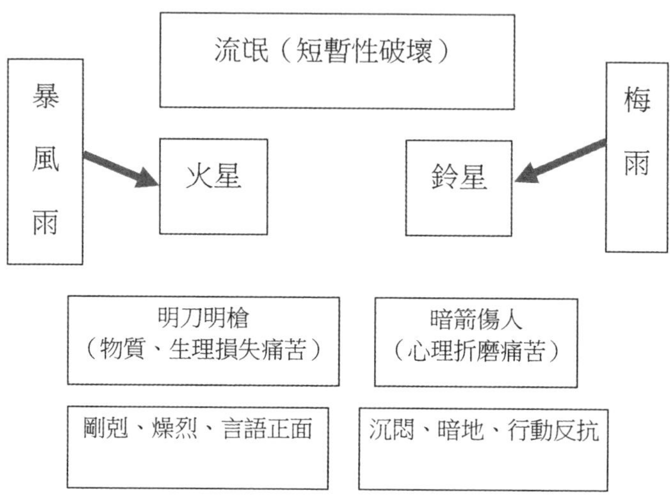
流氓（短暫性破壞）
暴風雨
火星
鈴星
梅雨
明刀明槍
（物質、生理損失痛苦）
暗箭傷人
（心理折磨痛苦）
剛剋、燥烈、言語正面
沉悶、暗地、行動反抗

說明：火星、鈴星這組煞星，其造成的傷害較小，且較為短暫，多為物質及精神上的耗損因此山人暱稱為「流氓」。此兩煞曜也是以一明一暗的狀況出現，如以角頭老大與流氓來理解，相信很容易就能分清楚此兩組煞曜其間的差異了。

火星帶來的傷害，同樣是明刀明槍類型。且多偏向物質方面，如新購置的轎車被偷、房屋著火、錢包遺失、新裝潢的店面被砸等短暫的破壞（山人註：這些真的是流氓的行為呢），比起擎羊大哥連根拔起的破壞而言，來的小多了，話雖如此，誰願意碰到這種倒楣事呢？

至於鈴星帶來的傷害，與陀羅大哥類似，且偏向於精神、情緒方面，如遭晚輩頂撞、子女叛逆難管教等，因此通常命做鈴星的人，對於其所不滿的人、事、物多是以口雖不語但以實際行動表達不滿，與火星直來直往表達的方式截然不同，也是因為其一明一暗的特性。

與羊陀雙煞相同，此曜一樣不需成雙成對，便可造成破壞，如成雙成對，為禍更劇。如火鈴匯聚於遷移宮，古曰：長途寂寞；會於命宮，則凡事多折磨痛苦，最後落得一事難成的結果，會於夫妻宮，表示夫妻感情不佳，心理痛苦折磨，或是容易倉卒成婚，落於田宅宮，且整體組合不佳，逢化忌衝起，住家還真的是容易發生火災呢。（山人註：因此兩曜都屬火）

5-3-4 地空星與地劫星

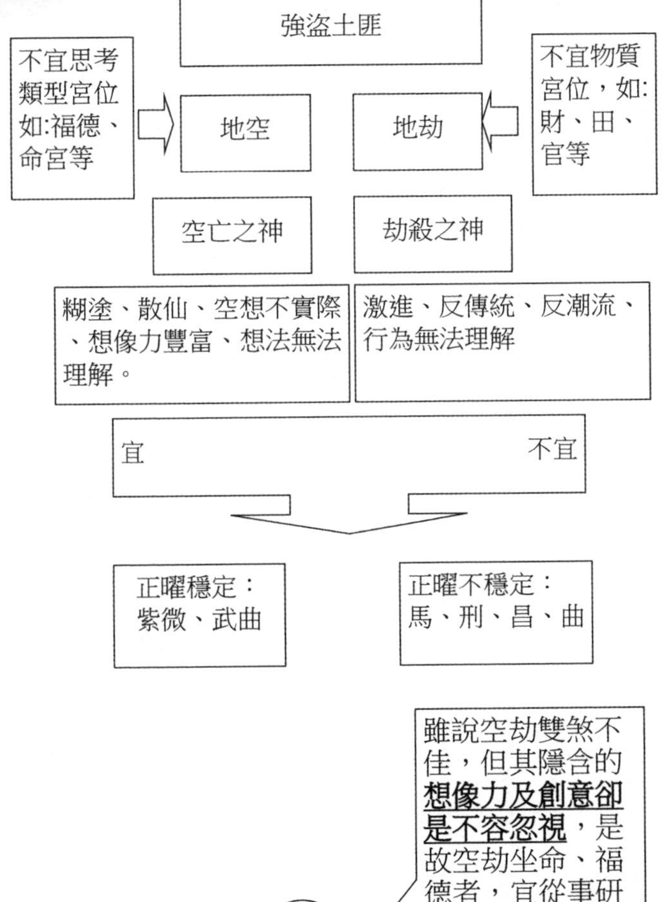

雖說空劫雙煞不佳，但其隱含的**想像力及創意卻是不容忽視**，是故空劫坐命、福德者，宜從事研發、企劃、創作等，反有所成。

說明：地空、地劫此兩顆煞星，山人暱稱為強盜，因地劫是搶走實際的物質（如金錢等），地空則是偷走思緒，在最重要的時刻錯誤判斷造成損失。所以地劫坐會命宮的人，通常是反傳統、反潮流、我行我素、行為思想激進等，因帶侵略性極強烈的反社會性格。至於地空星，影響的是人的思緒，令其飄忽不定，糊塗、散仙、想多於做等特性。但也因此，所以適合從事研發、創作等需要創新、突破傳統、豐富想像力方面的行業，舉例來說如超級偶像周先生，其命盤地空、地劫兩曜會於福德宮，此宮可表示人的思緒，因此從事詞曲創作，剛好發揮此兩曜的優點。讓所有華人都能聽到不落流俗，獨特的好歌。

但此兩曜帶來的破壞力也不容小視，因其本質為「強盜」，縱使你賺再多的錢，也難逃破財的命運。故此兩曜入命或福德宮，永遠會賺不夠花，所以顯得奔波勞碌。

煞星的特性均同，單入即可造成傷害，成雙成對或左右逢源更是讓人痛苦加倍。而地劫星因搶走的是物質，所以最怕的就是落於財帛宮、田宅宮等表示個人財物的宮位，而地空星偷走的是思緒，因此忌諱落入福德、夫妻、子女等。

舉例來說，斗數裡有個很有名的格局叫「倒祿」，其組成就是祿存（表財貨），與此兩煞相會，因錢財遇盜匪，到手也成空，所以一生難有富足的機會。如此局落於夫妻宮，則容易發生遇人不淑或是感情難有穩定的時候，不是被劈腿，就是被拋棄。

因此命宮如見此類型星曜，要先注意是否有較穩定類型的星曜與之相會，改變轉化其本性（如紫微、武曲等）；但若與較浮動屬性的星曜相會時（如：天馬、文昌、文曲等），則更是讓此狀況惡化，更加的虛無飄渺，讓人完全無法理解，當然最後都是以敗局收場。

5-4 二副星

5-4-1 祿存星

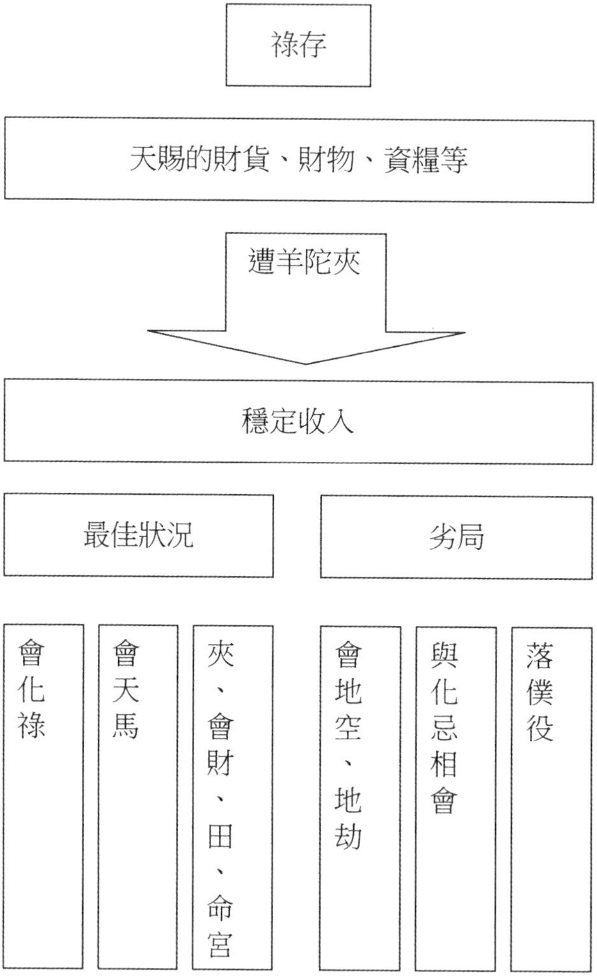

祿存

天賜的財貨、財物、資糧等

遭羊陀夾

穩定收入

最佳狀況			劣局		
會化祿	會天馬	夾、會財、田、命宮	會地空、地劫	與化忌相會	落僕役

說明：祿存星，顧名思義，其意涵為財貨之意。祿存表財，為天賜之資糧。想當然爾，既然表示錢財，當然是落在財帛宮或田宅宮最佳。事實卻不然，因祿存必遭擎羊、陀羅夾制，故其發展受限，基本上僅表示細水長流之財（如薪資、定存利息類穩定收入）。因此祿存入命，鐵定形成羊陀夾命之局，古曰：為乞。其因不難理解，命宮前後宮為父母、兄弟，逢煞正坐，除表示與父兄輩無緣且不得照護，且錢財也僅夠溫飽，此時整體星群結構差者，更是寅食卯糧，難有積餘之日。

那祿存要怎樣發揮作用呢？就是跳離本宮與財帛、田宅宮會照；或是與象徵財富的化祿星相會，形成雙祿交流；或與天馬星會照，形成「祿馬交馳」，極佳的求財格局。此局在斗數判識中相當重要，在天馬星的章節中另外敘述。因祿存星表示錢財，因此最怕遇到土匪星曜：地空、地劫；形成上節所述的「倒祿」格局，讓財到手轉成空，這不是比求不得更加無奈嗎。如落僕役宮，那更是為了義氣而不惜財的人，古曰：祿入奴僕，縱有官也奔馳，其意便在此。至於化忌星，基本上任何星曜碰到都不是好事，因此不再贅述。

天馬星

天馬

天馬表變動，奔波，勞碌，難以平靜，故會照星曜性質，對天馬星相當重要，遇吉則吉，遇凶則凶

最佳組合'	不良組合'				
祿存或化祿	陀羅	擎羊	空劫	火鈴	紫府
宜外埠經商營利，主富。又名折鞭馬，此為祿馬交馳格局，	又名折足馬，運勢受阻，不利經商	又名負屍馬，遭阻力而失敗。	又名半空馬，勞而無所獲。	又名戰馬，勞亦無獲。	又名扶轝馬，受制於人且勞碌。

說明：天馬這顆星曜，到底該如何分類，著時讓山人相當頭疼，由於其性質可主富亦可主貴，對星盤判識相當重要，卻又不能列入正曜，煞曜，且其性質隨著會照星曜而定，遇吉則吉，遇凶則凶，列入吉曜也不甚妥適，故山人將此曜與祿存歸類並列成副星。

正所謂名將配駿馬，馬在中國人的心中，地位相當重要。為將者，為爭戰沙場之工具，為商者，則為求財之工具。而馬主動，故其本質帶有變動，奔波，勞碌，難有平靜之時，流年逢之主異動。

由此可知，天馬星三方會照星曜就相當重要，遇吉曜如祿存或化祿，則謂之祿馬交馳，適宜經商創業求財；但如遇六煞，則表勞而無獲或是遭受阻力，基本上以山人經驗，如遇本命盤天馬星結構不佳者，不宜創業或經商，必遭失敗之命運。

而此曜逢紫微星或天府星，如會祿則表大富貴，倘不會祿，又會紫府二曜，則表一生受制於人。蓋因紫微，天府均為帝星之表徵，馬遇帝皇，則定然受制且恐勞碌一生，此組合古曰：扶轝馬。

流年命宮如遇天馬，多主異動之兆，倘天馬會煞，主災病或終年勞碌而無所獲。又流年命宮逢天馬又會照解神（或年解），表困難將可獲得解決，但如落於夫妻宮，又組合不佳，則多主離婚之兆。

5-5 四化

5-5-1 四化介紹

說明：紫微斗數中的四化源於七政四餘的「十干變曜」，記載如下：甲火乙孛丙屬木，丁是金星戊土求。己為太陰庚是水，辛炁壬計癸羅睺。故在紫微斗數中的四化係隨著十天干而改變。而紫微斗數係以恆星落宮狀況來論斷，較為刻板單調。但如加上變曜這個因素，在推演行運（大限、小限及流年）變化，自然更能清楚了

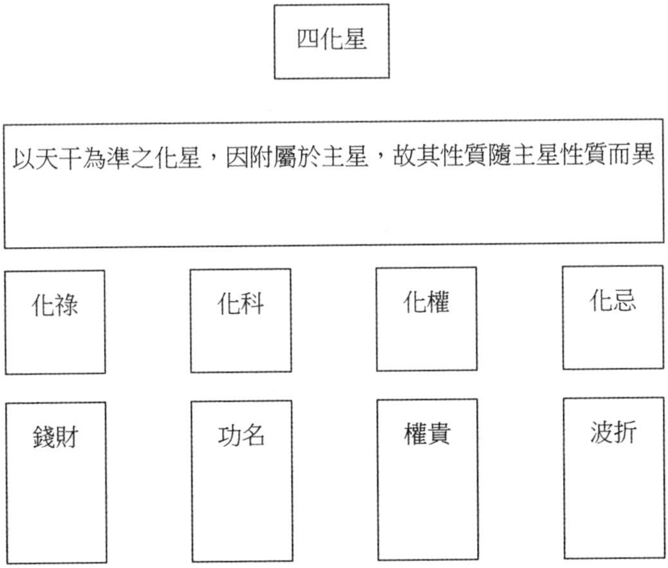

四化星			
以天干為準之化星，因附屬於主星，故其性質隨主星性質而異			
化祿	化科	化權	化忌
錢財	功名	權貴	波折

解其間的變化方向，做出更深入的論解，所以說四化是紫微斗數論命的精髓，一點也不為過。

四化包含化祿、化權、化科及化忌。其中化祿象徵錢財，化權象徵權力，化科象徵功名，化忌象徵波折與挫折。

四化由於跟隨著十天干而改變，無法獨立存在於星盤之上。故在紫微斗數中，除了本生年的天干四化[註一]，尚包含大限／小限行經不同宮位的宮干自化[註二]及流年天干的四化[註三]，彼此之間相互牽引，交織出一張飛星四化網，讓斗數的論斷更加生動有趣。

而在四化星中，唯有化忌星，會把良好星性轉化成不良甚至於帶來逆境。以比例來說，三吉一兇，似乎也不太符合道家中庸的最高原則，也許這就是希夷先生在書上極少提到四化的主因吧。

因此山人論盤時只看祿忌的轉化牽引情形。除非有要參加考試，那化科、化權確實有點作用；但縱是給妳化權、化科，還是需要自己努力，總不可能看到這些星出現就可以打混不讀書也能考上吧。

而四化中的化祿及化忌就比較類似上天所賜予的改變，如以山人論點而言，一則以天助，一則以自助。因此山人認同權科無用的論點，因斗數重點在論盤，如果單用化祿與化忌便可清楚論命，又何必去想那麼多？

因此山人的四化論點，就是依據三才理論而來，學者僅需注意忌間牽引的軌跡即可，現在就四化星的判識要點及邏輯揭櫫如下：

（一）牽引軌跡

1-1 本命盤與大限盤合參

1-2 大限盤與流年（小限）盤合參

1-3 流年（小限）盤與流月盤合參

1-4 流月盤與流日盤合參

1-5 流日盤與流時盤合參

（二）原則上只要注意合參盤之祿忌互轉即可

（三）如三化星同會，以化祿星為主

在這裡要提出一個很重要的觀念，由於四化附屬於主星，是故其性質隨著主星而變化，就如同山人接下來針對各星曜化變後所做的說明，故四化根本無法獨立存在於星盤上，更不可能替代主星之性質。山人常說：紫微斗數的四化如同烹飪時的調味料，讓平凡的食材更添風味與色澤。兩者必須同時使用，才能做出一道道美味的料理。如果只有調味料而沒有食材，那還能叫做料理嗎？就像紫微斗數如果只有四化而沒有星曜，那還能稱為占星學嗎？

有了這個重要的觀念之後，再來，我們就分別就各主星曜在依據天干四化（化祿、化權、化科、化忌）後，星曜性質的改變狀況吧。

註一：

本命盤四化：指命主出生時值年天干的四化狀況，由於出生年天干是固定的，故本命盤四化屬於靜態，用於推論先天的格局還有一生貧賤富貴的狀況。

註二：

宮干自化：由於紫微斗數星盤用天干地支來標示宮位，也因此，每個宮位都有自己的天干，故亦有四化產生。

註三：

流年四化：流就是流轉，年就是一年，流年指的就是一個能具體指出的年份時間，因此流年四化當然是依循當年的天干而定。

5-5-2 化祿

化祿屬土，表財源或生財的能力。故喜與祿存相會，如於三方四正中對拱，謂之雙祿交流；如於同宮相度，謂之疊祿。大限運行見到化祿，且不見煞忌，主星性質亦佳者，則必為財源廣進之大限。化祿與祿存一樣，最忌諱與空劫相會，其情形與祿存相同，在此不在贅述，其基本意涵解釋如下表：

化祿	廉貞	廉貞化祿基本上表示財務流動性大，不易守成。因其該曜帶有欲望的特質，唯其偏向物欲或色欲，需視其會合星曜而定。故當廉貞化祿，會煞忌之時，則偏向物欲，是故傾向由酒色財氣的方式求財，但若受厄曜干擾便難有收穫，此時若再見桃花諸曜，往往表徵為因色破財。
	天機	天機本質為聰明機敏，因此化祿之時表現為發現事業先機及方式，進而獲得利益。然而其屬軍師性質，欠缺開創事業的魄力。故若天機化祿遇煞忌，則轉為投機取巧，難逃衰敗的命運。
	天同	天同為福星，化祿則為增加財祿的表徵，且財來容易。但若與文星、科星相會時，反轉化成重視精神享受，風花雪月類之特性因此反少進取的意志。故天同必須會煞加以激發，故曰：天同不見煞反為災。

化祿	太陰	太陰為財星的表徵，化祿主富裕。但因缺少行動力，是否能富，仍需視其整體星曜組合而定或大限流年財氣充裕方可得財。否則僅為一般的收入增加。所以太陰在大限化祿更勝於本命盤化祿，因大限僅主10年之禍福，不需被本命盤特性牽引。
	貪狼	貪狼為欲望的表徵，是故貪狼化祿，表示對於欲望（含物欲與色欲）的需求增加。因其具備長袖善舞的特性．因此利於在交際應酬發展事業，並因此獲得利益回饋，可說是帶有投機求財的性質與味道。但若與煞忌同度或會照，仍為敗局。如與桃花系星曜相會，則需特別慎防因色破財，招致桃花劫。又若貪狼化祿如三方四正形成火貪、鈴貪，必有豐厚的意外之財。
	武曲	武曲為財星，故化祿表示將採實際行動主動求財的情形，但積極卻過於不近人情，所以逢武曲化祿適合開創事業（仍須視本命結構而定）從而獲得利益。且此曜具有理財高手的特質，除非財帛宮組合不佳，否則武曲化祿者一般多能有一筆不小的儲蓄。但若與煞忌同會，則過於積極投資則反招致慘賠的下場。

化祿	太陽	太陽本質為貴氣，是故化祿表示可因名而得利，如因事業成就或學術名聲受聘演講或教學所得之財。或因名聲得到獎金獎勵等，故此曜化祿其榮譽性質之虛名遠大於實質之收入。故太陽化祿會煞忌之時，主因此而散財導致入不敷出的情況。例如因工作績效良好得上級嘉勉或獲得小額獎金，但卻因設宴招待同事好友，導致收支不平衡此類情況。是故若本命盤太陽化祿，最好不要輕易嘗試創業，事業發展應以將名逐利方式為宜。例如擔任顧問此類型工作。
	巨門	巨門本質為口舌是非，化祿後利於以口為業或表演性質的工作如：老師、律師、演藝人員等，可因此增加收入或者是因此而爆紅。但因此曜仍帶陰暗遮蔽的本質，並不會因化祿而消失。故化祿後反而更加過度表現自己，因不懂得低調，故必多生是非之擾，故曰：巨門化祿不耐久，其因即在此。

化祿	天梁	十天干化祿中此曜最不宜，因天梁本身帶有紀律官員的特性。但掌管風紀者卻擁財祿，故天梁化祿必增困擾，如遭群體排擠、指責或懷疑等，故此曜化祿對於原本就以經商求財之人更加不利，以守成為宜。是故若本命盤天梁化祿且組合良好者，亦只宜從事服務性質行業。
	破軍	破軍得祿最為洽當，因破軍在斗數理為將星，勞力甚於勞心且本質不穩定，有先破後立之味道。化祿後則因得財故逐漸穩定，外在表現就是開始因審慎思考而獲得財祿的回饋。故如命盤呈現殺破狼格局者，逢破軍化祿，則屬可守成之局。

5-5-3 化權

化權主權勢、權利或升遷，茲就各星曜化權後的狀況，分述如下：

化權	破軍	破軍本質即有先破後立的變動意味，故破軍化權為主控變動的權利，此時星宿組合再不佳，則可能使變動產生自己的困擾與挫折。是故如大限流年遇破軍化權於事業、財帛等宮位時，切莫過於表現自己的主張，以免造成自己的勞累與挫敗。
	天梁	天梁本質帶有風紀官的意味，風紀官掌權得以伸展志向，所以天梁化權更勝於化祿，如再與左輔右弼等助星相會或同度，更是表示能得到受人尊重，推崇的地位。是故大限流年天梁化權，至少表示在所屬領域能得到適當名聲與地位。
	天機	天機本質帶有浮動的味道，化權後其性質轉為穩定，使人在發展上更加能夠變通、圓滑且沉穩。且因其本質為軍師，屬性較為被動，化權之後，掌有控制權（如意見受公司獲上級長官接受），轉被動為主動，更能夠掌握事態的發展。

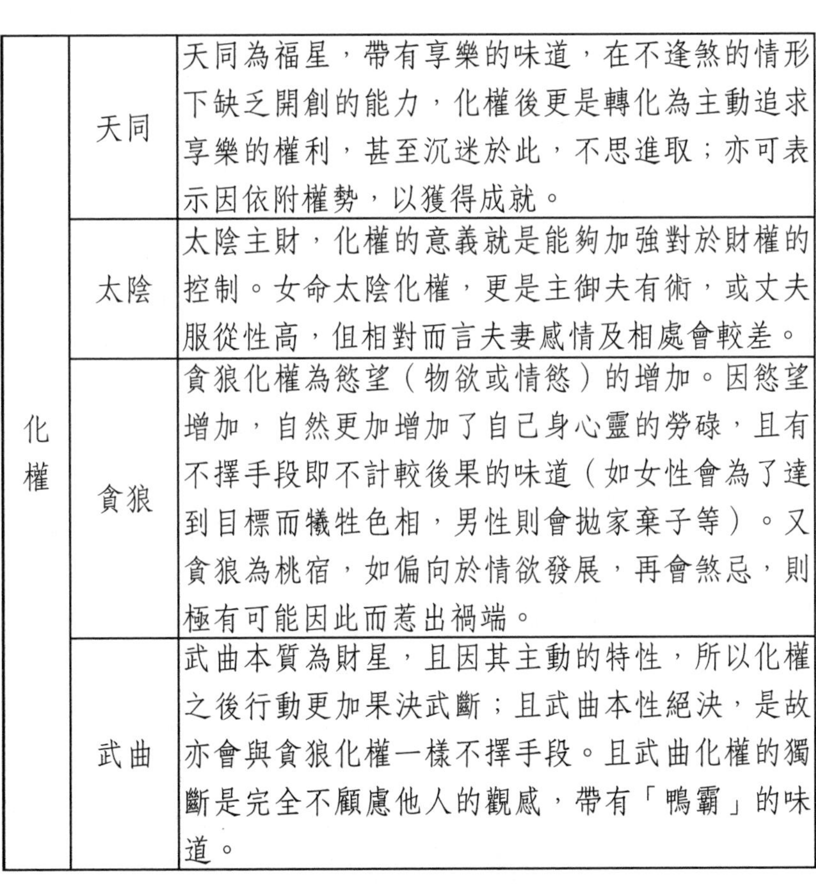

化權	天同	天同為福星，帶有享樂的味道，在不逢煞的情形下缺乏開創的能力，化權後更是轉化為主動追求享樂的權利，甚至沉迷於此，不思進取；亦可表示因依附權勢，以獲得成就。
	太陰	太陰主財，化權的意義就是能夠加強對於財權的控制。女命太陰化權，更是主御夫有術，或丈夫服從性高，但相對而言夫妻感情及相處會較差。
	貪狼	貪狼化權為慾望（物欲或情慾）的增加。因慾望增加，自然更加增加了自己身心靈的勞碌，且有不擇手段即不計較後果的味道（如女性會為了達到目標而犧牲色相，男性則會拋家棄子等）。又貪狼為桃宿，如偏向於情欲發展，再會煞忌，則極有可能因此而惹出禍端。
	武曲	武曲本質為財星，且因其主動的特性，所以化權之後行動更加果決武斷；且武曲本性絕決，是故亦會與貪狼化權一樣不擇手段。且武曲化權的獨斷是完全不顧慮他人的觀感，帶有「鴨霸」的味道。

化權	太陽	太陽主貴，因此太陽化權有提升自己地位與權勢的味道，但太陽重廟旺利陷，是故落陷的太陽化權，往往是有責無權，更是讓自己勞累。而太陽本有主觀的意義，所以化權後更是自信過度，最後終究難逃敗亡的命運。
	紫微	紫微為帝星，本有權勢的味道，故紫微化權，如同君王或老闆親自處理事情，過於強勢，因此帶有咄咄逼人的味道，且易讓眾部下們如履薄冰。所以紫微化權表示辛勞而少人緣，因為他所在之處即產生壓力，無論長官或下屬都不會感到輕鬆，所以紫微化權者常常會抱怨自己多勞而無功。紫微星本身主觀高傲，化權後使此特點轉化為偏激或任性，以領導者而言，不穩定的情緒往往是導致自己敗亡的關鍵。
	巨門	巨門最適合化權，因其本質為多言是非，化權之後，多言的缺點轉化成說服力，且能適時的收斂過度愛現的本性，較易讓人接收。因此以口為業的人逢巨門化權，將有機會提升自己的影響力及地位，逐漸獲得財富甚至是升遷的機會。

5-5-4 化科

化科為智慧之星，主科名、名聲，茲就各星曜化科後的狀況，分述如下：

化科	武曲	武曲為財星，武曲化科僅表示在其所屬行業裡，得到名聲;亦可視為對於事業的判斷與決策得宜，雖不主得到實際利益，但至少可以減緩武曲獨斷決絕的情況。但因財獲致名聲反而容易因此惹上麻煩，正所謂<贏錢要去當棉被>就是避免因財遭忌而發生問題（如：綁架、詐騙等）。 故武曲化科可引申為受人忌妒、遭人盤算等情形;基於此特性，命逢武曲化科便可能因此引發感情困擾。如遭有婦之夫或爛桃花追求等。
	紫微	紫微主貴，為帝星的表徵，是故紫微化科最為洽當，對於皇帝或習於掌權的人來說，聲望名譽增加且廣為人知，不似武曲僅限於小範圍內，自然便易於獲取權力。所以紫微化科可以改善其固執、主觀等本質上的缺點。化科後的紫微主增加聲望，而且其範圍較廣且通常具有公眾色彩及權威性，但因紫微本身仍帶有強烈的個人特質。是故易招人妒忌。

化科	文昌	文昌化科基本意義就是因才華而獲得名聲進而得到利益，如參加考試金榜題名等，此時如在會魁鉞，更是皇榜有名的表徵。因此文昌最喜化科。且文昌本性因較為虛浮不實，化科後因聲名，自然較為為踏實。
	天機	天機為智慧表徵，本質亦較為浮動，故化科後情形與文昌類似，但偏向哪一方面，仍須視其三方所會星曜而定，基本上比較偏向計畫、專業領域表現良好受賞識等；且因其軍師本質，故只能為幕僚而非實際執行。
	右弼	右弼象徵助力，因此右弼化科代表能力受人賞識，讚揚，在工作上有出色表現，也相當適合參加國家考試或競賽獲得名聲與榮譽。而右弼五行屬水，帶有些許桃花性質，因此右弼化科亦表示能得到異性的欣賞與追求，但也因此容易發生感情上的糾紛。
	天梁	天梁為風紀官，本身帶有獨行的意味，化科象徵智慧與決斷領悟能力，名譽地位得到提升。但卻可能強化其孤芳自賞的特質，造成更難溝通。又天梁化氣為蔭本有消災的本質，所以天梁化科若本身從事為人排除困難的工作，如醫生、社會工作者等，通常都能得到不錯的結果。

<table>
<tr><td rowspan="4">化科</td><td>太陽</td><td>太陽主貴，因此與紫微一樣最喜化科。均表示得到名譽或社會地位。但若太陽落陷，則僅為虛名，如再逢昌曲照會，則利於考試。</td></tr>
<tr><td>文曲</td><td>文曲與文昌均屬文曜，其化科後情形類似，但因文曲主口舌，文昌主文筆，試故文曲化科可讓人因口才而提升名譽與地位，相較於文昌，舌燦蓮花者，更利於吸引異性，但若與化忌同會，則將因此特質惹來麻煩或感情上的困擾。</td></tr>
<tr><td>天府</td><td>天府是庫房的象徵，也是南斗主星。化科象徵其名譽、地位均得到提升受到眾人信賴與支持。</td></tr>
<tr><td>太陰</td><td>太陰為財富的象徵，故太陰化科僅能優化原有之本性，如：氣質、修養、優雅及聰明才智等，但易導致因才遭忌的情形，尤其在會煞忌，更是懷才不遇的象徵。但此特性卻利於演藝人員，讓自身的特質優化得以表現自己獲得名聲。</td></tr>
</table>

5-5-5 化忌

化忌屬水，主損失、是非、忌妒等意義，古曰：祿權科忌為四化，唯有忌星最可憎。如於化忌星衝入大限命宮或坐命，且又不見吉星扶持且見煞曜，則該大限必有嚴重禍端。此星可謂諸宮皆不宜。學者謹記。

化忌	太陽、太陰	太陽、太陰於化忌之時，基本上表現的型態為人際關係方面的損害。其中太陽主男性親人，太陰主女性親。但因其本質不盡相同，是故影響層面也有所差異。如太陽主貴，所以太陽化忌所影響者為地位，如與公司上級爭執或陷入政治鬥爭之中；而太陰主富，所以太陰化忌所影響為錢財，如投資失利等，故其在事業的相同點就是產生憂煩與紛擾；其在人際關係方面的損害諸如：生離死別、惡性競爭、遭受惡意攻訐或官司訴訟（尤其以太陽在會天刑或擎羊為甚）、感情困擾（太陰為甚）等。若當太陰化忌再見火、鈴、昌、曲，多有畸戀之現象；如此組合落入男女本命宮，再搭配疾厄宮與子女宮見天哭、天虛，則此組合多帶有同性戀傾向。

化忌	廉貞	廉貞由於本質帶有次桃花與為殺、囚之本性，是故化忌時亦須從兩方面來探討理解，如前所述，判識廉貞端看三方四正影響而定，是故如廉貞偏向於桃花之時（如會合貪狼、天姚等桃花星曜），則容易發生感情困擾波折，如受騙破財或因此而失身，且其影響範圍不只限於男女情愛，亦包含親人，好友惡意的欺騙，又因廉貞複雜的雙重個性，如在見刑煞等星曜激發，往往引發當事人產生自殺的念頭或行為；如廉貞傾向於囚、殺方面，在會煞忌則表徵為血光之災，如開刀動手術或意外受傷，于女命如見廉貞化忌且子女宮見天喜，疾厄宮見煞，則多有剖腹產甚至是難產的情形。尤其是當廉貞化忌與七殺於命遷互拱又落辰戌宮，加上福德又倒（無正曜且逢空劫等等），行運在不佳時，則有將有命喪之慮。此局又稱為<殺拱廉貞>為斗數的極惡格。

化忌	巨門	巨門本質為是非口舌，化忌後此特質將更加強烈，常會導致是非不請自來或莫名捲入無謂的紛爭之中，有被動受困擾的傾向。是故巨門化忌表現的情況就是使人產生無謂的困擾與不安。也因此巨門化忌落夫妻宮者，在感情上將因此導致戀情或婚姻無法持久。倘若巨門化忌在會煞忌，往往對於感情婚姻造成巨變的影響。
	天機	天機本質聰明機敏，化忌後此特質轉成為在思考上的阻礙，如因思慮過多或判斷錯誤以致於錯失良好機遇，或因思緒產生障礙盲點，導致計畫失策甚至發生嚴重的誤判或延誤。又因帶有思考的本質，化忌則轉換有焦慮的特性，所以本命盤或疾厄宮若見天機化忌，通常會有失眠或腦神經病變的狀況，如疾厄宮星曜組合不佳，則為中風之兆。故於天機化忌之時，宜以不變應萬變的心態來應對。
	文曲	文曲為文星，表異路功名，故文曲星坐命適合以口為業，或憑藉專門技術而得到成就。故其化忌時表示因此而惹禍，正所謂言多必失，許多災禍都是因為一時口快而導致，故文曲化忌之時，以謹言慎行為上。尤其是以口為業的教師，業務員，講師等。

化忌	天同	天同為福星，其基本特質帶有情緒的味道，故天同化忌僅表示情緒不甚安定，如心神不寧、不平衡、疑神疑鬼、情緒低落等，但在工作或事業上情緒不穩，所以在工作或事業上顯得特別勞累與辛苦；又因其帶有感情的色彩，是故亦主感情困擾，如單戀、畸戀等。
	文昌	文昌與文曲相同皆為文星，但其本質較偏向文采方面，是故化忌後，表現出來的特性是因文書而發生問題，如文字工作者或以口為業者，因文字引發無謂的爭端（文曲是因口而生禍），或應考時發生答錯題等。同文曲化忌所述，因文書可表示金錢，而文昌化忌帶來的問題大都由他人所造成，如為人背書或作保而產生無謂的波折困擾。而文昌主學業，故文昌化忌亦可表現為學業中輟或有懷才不遇的感覺。

化忌	武曲	武曲其本質為財星，故武曲化忌為財務調度週轉出現問題，在金錢上造成嚴重的損失或是頻跑三點半，造成自己的勞累。又因武曲帶剛克決斷本性，是故意可表現為處理問題的手段過於激烈或決斷時過於無情，導致自己的挫折，如在男女關係上，往往為婚姻破裂之兆。
	貪狼	貪狼為情慾或物質上的慾望，故貪狼化忌表現出來的是求而不得，因此產生嚴重的挫折感，但因不帶孤殺絕的特性，且多為欲求不滿而非實際物質上的損失，故其影響較為溫和，僅為心理不平衡或失落感甚至是懷才不遇的感覺。

5-6 雜曜

5-6-1 雜曜介紹

雜曜種類繁多，簡單的區分就是不屬於十四正曜、六吉星、六煞星、副星及四化星者，通稱為雜曜。另亦有人依其特性區分為A、B、C等級。

基本上，雜曜為江湖神煞或八字所喜用。如果依其基本特性，其實不應與強調星體運行的斗數混用，也因此，雜曜在星盤扮演的角色頗弱，無法替代主星性質（如宮內無正曜但有一堆雜曜，仍以空宮論）。

而雜曜最重要的作用除補足斗數細微處的不足之外，另外就是與相同屬性的正曜產生加乘的效果，舉例來說：天梁星帶有刑法、風紀官的本質，而天刑星亦為刑罰之星，兩相加成下，加強天梁為刑的孤僻性，使天梁星更加孤芳自賞，難以溝通；再舉例來說，貪狼為慾望之星，遇到天姚此類象徵桃花的雜曜，則將貪狼的欲望傾向帶往聲色方面等，此時如再與煞星相會，則將構成桃花劫的格局。

五、星曜特性及組合解說

部分雜曜特性與六吉星相仿，需雙雙對對時方可發揮作用；但也有單獨即可發揮作用的，因此研究雜曜時，除需明確掌握其星性外，更須視其組合作用情形來做綜合推論。為避免學者混淆，山人依其星性本質與特性區分為十大類：

A. 桃花系
B. 孤克系
C. 貴氣系
D. 才藝系
E. 精神系
F. 消災解厄系
G. 健康系
H. 賞賜系
I. 空曜系
J. 神煞系

因此只要知道雜曜的類型，自然就能夠初步掌握出該曜的性質，利於推論，茲就此十類分述如後節。

<table>
<tr><td rowspan="4">桃花系</td><td>紅鑾</td><td>須與天喜成對方能發揮作用，主婚姻為正桃花，如於女命宮見紅鸞主面容俏麗，故如與天喜於大限命宮見之，且見諸吉拱照，主該大限有喜事，至於如何判斷婚期，須輔以流年命宮及夫妻宮的星曜組合均吉，則為婚期。</td></tr>
<tr><td>天喜</td><td>須與紅鑾成對方能發揮作用，主孕喜亦為正桃花，如於女命宮見天喜為冷艷型女生，因此曜代表孕期，故如於流年田宅宮與紅鑾相會，主添丁之兆。</td></tr>
<tr><td>天姚</td><td>天姚為為桃花神煞，表一見鍾情或艷遇之類的野性桃花，亦可為縱情的象徵，故切不宜桃花類星曜群聚（如：貪狼、廉貞、咸池等），為性喜漁色之徒，如再與煞忌同會，將導致桃花劫，但如正曜吉，再會文昌、文曲，則易吸引異性或因才華受歡迎。</td></tr>
<tr><td>咸池</td><td>咸池為色慾之煞。亦為野桃花之意。與天姚相同如與桃花星宿（貪狼、廉貞）同度，為好色之徒或喜歡流連風月場所，其中以咸池為甚，天姚次之。如加會煞忌，主因色破財，或引發桃花劫。但如與文昌、文曲同會，正曜性質佳，則表示容易因才華得異性青睞。</td></tr>
</table>

5-6-3 孤剋系

孤剋系	孤辰	孤辰須與寡宿成雙對方可發揮作用，因其本質帶孤寡之意，故不宜落入六親宮位。若與其同坐之正曜星系本性過於孤剋（如：武曲等）為早失父母庇蔭、緣份較淺、離鄉背景等；如落夫妻宮易生離死別或兩人之間容易有貌合神離。如落入代表思想福德宮再加會空、劫等星曜，主精神空虛但亦可主其人有獨立的思考能力。
	寡宿	寡宿須與孤辰成雙對方可發揮作用，其特性如上述。
	天刑	天刑主自律或刑忌、刑法，亦帶有孤剋之本質。但如與桃花諸曜會合（如：貪狼、咸池、天姚），則表得以發揮自律不至於過於縱情，但亦有桃花難開之意。如遇煞忌，則發揮其為刑之特質。故如於流年、流月命宮或疾厄宮見此組合，則易發生重大意外，或動重大手術。

貴氣系	雙雙對對	三台	儀仗、主貴、地位的提升、不宜入女命宮或夫妻宮。
		八座	基本涵義同三台，須與三台相會方可發揮作用。
		恩光	爵祿，實質的獎賞，如逢橫財格局在見疊祿入大限流。
		天貴	榮耀，須與天貴相會方可發揮作用。
	不需成對	天官	主貴氣或貴人。
		天福	主福報、福氣。

5-6-5 才藝系

才藝系	雙雙對對	龍池	主才藝（手工類）及心思細膩。
		鳳閣	主才藝（手工類）及心思細膩，須與龍池相對方可發揮。
	不需成對	天才	聰明才智的象徵，如加會煞忌，則為城府極深的象徵。
		天廚	主廚藝方面技能天份，如逢祿星且正曜性質佳，可經營飲食業。

消災解厄	解神	解神為排除糾紛之意，同時亦因此而導致離散的後果，故見到解神必須特別注意該宮星曜組合吉凶。如於命宮或財帛宮遇之，正曜組合佳，主紛擾得以排解，但如正曜不佳，則為因此而破財；又如在流年夫妻宮遇到解神與天馬，且正曜不佳，此為離婚的組合之一。
	天德	化解障礙之意，故古人視為消災增福之星。
	月德	化解障礙之意，故古人視為消災增福之星。

<table>
<tr><td rowspan="6">精神類</td><td>天哭</td><td>帶有感情色彩，帶來的多是心理上的痛苦，於福德宮見之，則此人較為多愁善感，且易因感情而誤事。</td></tr>
<tr><td>天虛</td><td>主空虛及憂慮。帶物質色彩，故表徵為物質缺乏之意，同時因主虛耗，故若居疾厄宮，則表示命主體弱多病或患有慢性疾病。</td></tr>
<tr><td>破碎</td><td>主失意不得志，亦可為財物耗損之意，流年或流月見之，表在工作或事業上較易發生不如意的情形。</td></tr>
<tr><td>蜚廉</td><td>為意外傷害或犯小人之意 ，但因屬雜曜，故多為小型意外傷害</td></tr>
<tr><td>陰煞</td><td>受小人陷害之意，亦可表陰物，故如陰煞落命宮，且正曜不佳，則容易對陰物有感應，為敏感性體質；流年或流月見之，則容易受小人陰害。</td></tr>
<tr><td>華蓋</td><td>華蓋為天子出巡時的遮傘，故其意表為孤高，如見空曜（如：地空、天空）則對宗教有興趣。為修行格局。但患重病者命宮不宜見華蓋，因亦表喪儀之意。</td></tr>
</table>

健康系	天傷	主耗損或空虛，與天使一樣兩星均主災禍疾惡，而此兩星需相夾方有威力，故如大限見天傷與天使夾宮，如再加上正曜化忌且四煞以上齊聚會照，則主該大限多災難疾厄，流年見之亦同。
	天使	天使主災禍或疾病，其作用如上述，此組星曜需夾宮方發揮作用。
	天壽	為長壽之星。因此最喜居命宮，如居命宮表命主長壽可期。尤其喜歡於大限流年行進時於疾厄宮遇之，表縱患重症亦可痊癒。
	天月	天月為疾病之意，且多為流行性疾病（如感冒等）。故如於遷移宮見之加上正曜組合不佳，則主外出易發生水土不服，或於外鄉染病，故流年遷移宮見之，不宜遠行。

5-6-9

賞賜系

賞賜系	天巫	主長輩或上司給予之財，亦可為升遷，如與天梁同度可望繼承長輩財產，與天馬於流年、月相會，主升遷到外地。
	台輔	主得聲望，得榮譽但不含實際物質的獎賞，如得到獎狀等。
	封誥	主封贈，實際物質利益獎賞，如加薪或得到獎金。

空曜系	大耗	主損耗，故會咸池會桃花星宿再見煞忌，亦為桃花劫之組合。流年或流月遇之，逢正曜化忌，則財物容易發生失竊。
	天空 截空 旬空	天空、截空、旬空性質與地空相近，如遇物質類型星曜（如：祿存、化祿）為掏空；如遇精神性星曜（如：天同、天機等）則容易發生空想，或想多做少，不切實際之意。故在某些派別直接以天空取代地空。

博士12神		
	博士	為聰明之意。
	力士	為權勢之意。
	青龍	因喜事而進財之意。
	小耗	財務損耗，但多為小型財損等類型。
	將軍	威風得意之意。
	奏書	因文書或寫作而獲得成就之意。
	斐廉	小人，與陰煞同。
	喜神	為喜慶吉事。
	病符	災病之意，多為小病，如感冒等。
	大耗	與小耗同，只是損失較大，如愛車遭竊等。
	伏兵	遭埋伏暗算之意，亦帶有好事多磨之味道。
	官符	官非訴訟，如再與煞忌會聚，則牢獄災難逃。

將前12神	將星	與將軍同，為得意威風之意。
	攀鞍	取得功名利祿之意。
	歲驛	驛馬，為動中求財之意。
	息神	意志消沉，灰心之意。
	華蓋	孤高，其意同上述之華蓋。
	劫煞	遇煞破財之意，如遭搶劫或勒索。
	災煞	遇災破財之意，如小車禍賠償等。
	天煞	天降災禍，組合不佳則多有生離死別的情形。
	指背	為背後是非之意，如遭人惡意中傷或毀謗。
	咸池	為野桃花之意，帶有風流味道。
	月煞	為分離之禍，組合不佳時亦為生離死別之組合。
	亡神	財務損耗之意，但主物品的遺失。

歲前12神	歲建	為吉凶之神，視同度之星曜，遇吉則吉，遇兇則兇。
	晦氣	表起伏波折為整體運勢不順暢之意。
	喪門	為喪事或弔喪之意，如再加會煞忌更加準確。
	貫索	為因災禍而遭束縛之意，如入牢獄等。
	官符	為訴訟糾紛。
	大耗	為財務耗損之意。
	小耗	為財務耗損之意。
	龍德	逢凶化吉之意。
	白虎	為凶禍。與官符同會再見煞忌則亦有生死交關之禍。
	天德	逢凶化吉之意。
	吊客	亦為喪事或弔喪之意。
	病符	為小病或小災禍之意（如感冒或小車禍等）。

長生12神	長生	表生氣、生機。
	沐浴	因沐浴需要水，水又表桃花，故沐浴可視為桃花。
	冠帶	表喜慶。
	臨官	表貴氣與喜慶之意。
	帝旺	表氣運旺盛。
	衰	主意志消沉。
	病	主病災。
	死	主多災多難，亦可視為人離財散之兆。
	墓	墓有入土之意（收藏），故亦多有財貨蓄藏。
	絕	主災難或骨肉離散之兆。
	胎	表安康平順之意。
	養	為希望及平安之意。

註：山人在編寫神煞類時，陷入相當的天人交戰。到底該一筆帶過或是逐曜做詳細解說。因此類型有的屬八字煞，有的是江湖神煞。因此多數帶有威脅的味道，好像是遇到什麼星就會發生什麼壞事，如：喪門表家裡有人死亡等，如此荒誕不經，語不驚人死不休，不解釋也罷。畢竟雜曜無法替代主星曜性質，會造成多大的影響，大概也是有限。

中國人最愛恐嚇勸善法，如大家常聽到的：壞事作多了，生孩子沒屁眼之類的，加上相士行走江湖，不說的聳動點，也很難混口飯吃。此類神煞，再現代斗數學者只要知道就好，無需深入探究。許多大師甚至在排盤時直接把此類神煞略掉，因只是擺著好看（或用來嚇唬人），並沒有太大作用。但是為了讓大家能有概略了解，因此稍作解釋。

五、星曜特性及組合解說

第六章

斗數推演理論基礎

第六章 斗數推演理論基礎

6-1 三才理論

說明：三才指的就是天、地、人，命理及萬物的範疇不脫此三才，是故在斗數的運用上亦可以此理解。

何謂天，即為本命盤，本命盤的管轄範圍為當事人一生各面向的優劣程度故稱之為天；地即為大限盤，大限盤管轄範圍即為當事人十年間的各面向的優劣程度，

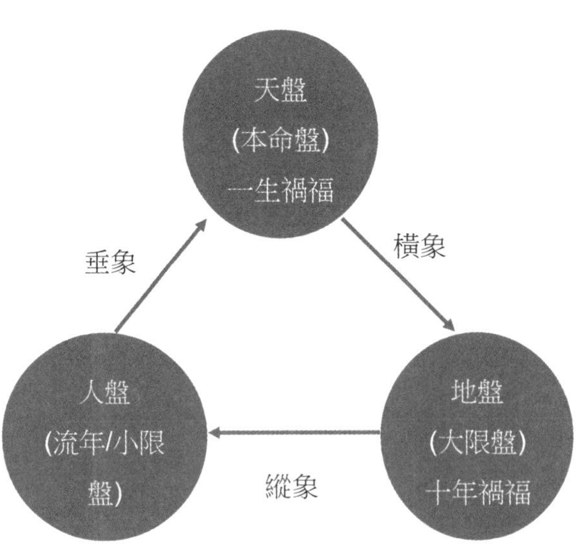

故稱之為地；人即為流年（小限）盤，流年（小限）盤管轄範圍即為當事人於該年各面向的優劣程度，故稱之為人盤。由天應地，以知橫象；由地應人，以知縱象；由人應天，以知垂象，三才並用，以推人命。

三才理論為何如此重要？因為論命單靠本命盤來推導，過於死板且缺少變化，唯有利用三才理論輔以觀察四化牽引軌跡，才能夠把此三盤組合成為立體星盤，並利用四化祿忌互轉串出其間的變化，以觀全貌。

舉例來說，如果命主想知道一生財富的狀況，就須觀察其財帛宮，如該宮星宿組合看起來應相當富裕。但實際上目前卻是十分窮困潦倒，其因為何？問題就是出在論命者沒有善加運用三才理論就整體走勢來進行綜合推論所造成的誤判。雖然說財帛宮象徵一個人一生的財運，但人生有如波浪，起起落落。也許剛好在這個大限（或流年）命宮煞忌齊臨，所以財難聚且辛勞。但下個大限（或流年）也許雙祿馬交馳，發財得意於他鄉。正好完全符合本命盤呈現的狀況。

這也就是三才理論所表達的重點所在。人生不也如此，「今朝他人胯下過，他日官拜大將軍。」斗數易學難精，就是因為其中包含了此些人生哲理，畢竟它是推演一個人一生的際遇，不可能永遠順風，也不可能永遠逆風。所以要建立起一個立體的星盤概念，觀其縱向、垂象、橫向來綜合研判，因此只要理解此點，相信日後不在會有如此感慨。

6-2 三強理論

說明：何謂強？指的就是對命主有著重要或直接影響之宮位，是故三強指的就是此強宮、強星、

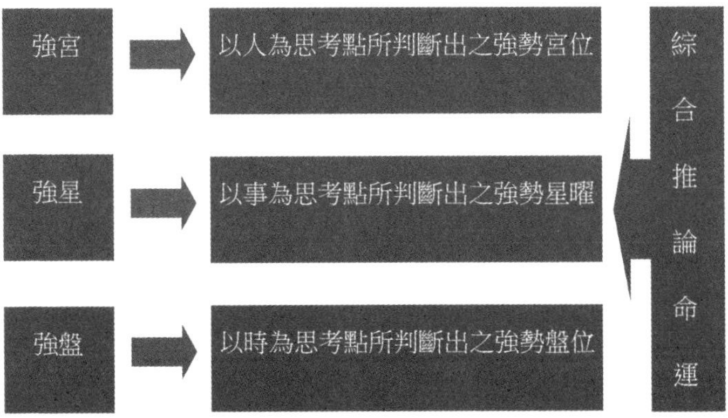

強宮	→ 以人為思考點所判斷出之強勢宮位	綜合推論命運
強星	→ 以事為思考點所判斷出之強勢星曜	
強盤	→ 以時為思考點所判斷出之強勢盤位	

強盤，古代論命者非常的簡單，因男女大有不同，在那個男尊女卑的年代，女生就是足不出戶，遵守三從四德，所以看女性的宮位，僅需注意夫、子二宮，因家庭即為女性的一切，而男性就是財、官、田等三個部份。倒也是充分的演譯了中國傳統上男主外女主內的通則。

但現今社會，女性往往比男性還強勢，因此古代的論命法則，也有修正的必要。但星盤如此的廣泛，到底要如何才能夠給當事人一個最正確的建議呢？因此充分針對當事人的需求來做整體式的論斷，這才是運用三強理論的最高造詣，茲分述如下

1. 強宮理論（以人為思考點）

強宮指的就是對命主而言最重要的宮位，一般而言，男生多以事業為重，故以官祿宮為強宮；女命則多以家庭為重，故以其夫妻宮為強宮；從事業務公關者，當以遷移宮為強宮；經商者，當以財帛（財源）、田宅宮（財庫）為強宮，

一般上班族，以升遷為主要目的，是故其官祿宮為強宮；從政者，必須得到群眾擁戴及朋友屬下的助力，是故強宮為僕役宮，其餘皆類推，是故強宮理論，係針對當事人背景或需求做分析推演，分析該強宮之優劣處（如：見煞、吉星數量、星曜間影響及四化牽引軌跡等），自然能夠對於當事人提供正確且中肯的建議。

2. 強星理論（以事為思考點）

依據當事人的需求來研判相關星曜的落宮位置、廟旺程度及三方四正的組成優劣與否來做是非好壞的判識。如為投機事業者，則須先視其是否有偏財運的格局星曜組合（如：火貪、鈴貪）及座落宮位；而經商者，首重利潤財帛的豐厚，是故以財星（如：武曲、天府、祿存、化祿等）為主要判識星曜；如準備升學考試者，首重文星（如：文昌、文曲等），是故強星理論就是針對當事人最重視處之星曜狀況來做綜合判識。

3. 強盤理論（以時為思考點）

強盤指的就是大限、流年、流月、流日乃至於流時盤，而大限盤或流盤所代表的意義就是時間，因此強盤理論是依據時間的長短對於當事人的影響而定，如：從事長期投資（房地產等）者，應以大限盤為強盤；短期投資（股票、期貨等）者，應以流盤為強盤來推論；應試者亦應以流盤為強盤來推論，是故強盤的依據就是事件的時限，如投注樂透彩或賭牌時，強盤就是流時盤，依此類推。

第七章

各宮位判識原則及方法

第七章 各宮位判識原則及方法

7-1 各宮位判識原則

說明：在判識各宮位時，牢記此三步驟，按步就班，自然不會掛一漏萬。首先要對宮內星曜屬性充分了解，然後針對三方四正星宿對本宮的影響來推斷整體架構，再觀察是否形成特殊格局。舉例來說，如本命

主星曜性質

依該宮星曜特性做整體推論，不可以抵消法為之

三方四正

1.對宮影響最為嚴重，其餘宮位可以扶持論之。
2.本宮與三方組合之的初步推論：
- 2.1本宮佳、三方佳：天之驕子，出世好命。
- 2.2本宮劣、三方佳：落土不佳，但多機遇及助力，仍有可為。
- 2.3本宮佳、三方劣：外在環境險惡，縱使出世好命，但也難逃命運的折磨與考驗。
- 2.4本宮劣、三方劣：劣根性強加上外在三方無吉扶持，是故命主此生勞碌無成，如僕役宮不佳甚至有誤入岐途的可能

3.特殊格局的狀況:如:陽梁昌祿、三奇佳會等

夾宮情形

夾宮之星宿為吉星、兇星、煞星或空曜，將影響該宮位之發展及推論結果

宮坐紫微星，首先就是要看是否見左輔、右弼，形成君臣慶會的格局，如不構成，則縱使本宮組合再佳，也難逃孤君單打獨鬥的命運。至於特殊格局(又稱四字格局)，其組成及現代解義收錄於後章節，學者需詳加研究。

在完成上述兩個步驟後，最容易被忽略的就是夾宮的情形，例如：紫殺坐命，因七殺直接受命於紫微帝座，故此組合表徵為掌權，但其左右卻遭火星、鈴星來夾，則此組合反使權力受限。又如同表示財貨的祿存坐財帛宮，就判定這個人必定錢多到花不完，但卻忘了左右還有擎羊、陀羅來夾。諸如此類，若忽略觀察夾宮，則論盤謬誤勢必難逃。學者需謹記此三大步驟，逐步推演，自可清楚掌握各宮位所演化出的情形。

七、各宮位判識原則及方法

7-2 單一事件之判識順序

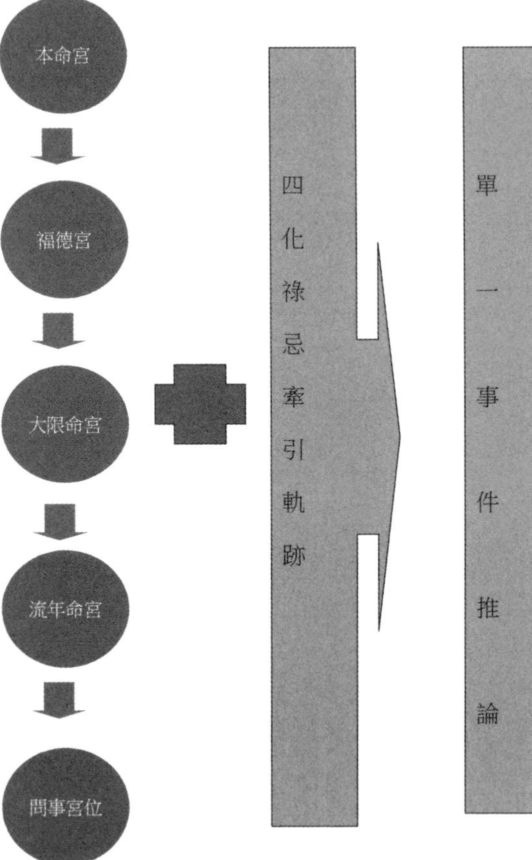

說明：星性掌握了，判識原則確立之後。接下來就要進展到推演的部份，我們都知道，本命宮表達的是一個人一生整體的表現，因此如要論及單一事件，首先

要從本命宮來判讀。爾後福德宮、大限命宮、流年(小限)命宮等判讀推演，建立整個立體星盤概念，再來觀察問事宮位。如此自然能清楚且正確的進行判識。舉例來說：一個人想知道是否適合創業當老闆，首先看命宮星曜，如果會煞忌太多或是天相星坐命這種濫好人加員外的個性，是不可能有成功的機會。接下來就福德宮再看是否有相對應的福氣，倘福德宮星群組合不佳，則該人於福澤有損，且福德宮亦可視為命主思考模式的表現，倘結構不佳，表示該人容易思緒煩亂，甚至有不安易怒等缺點，自然不會有太好的結果；然後進展到大限命宮，流年命宮(此時需注意祿忌互轉的情形)。

也許本命不適宜創業，但在大限或流年命宮卻是雙祿馬交馳之局，這就是標準的「風雲際會」之勢，當然是先炒個短線再說，但切記因本命不宜，因此見好就收，否則難逃敗亡之運。這些了解之後，再針對命主問事的宮位單獨研判優劣，輔以之前的推論，自然可以得到正確的方向與解答。

七、各宮位判識原則及方法

宮位名稱	判識重點
兄弟宮	1. 宮內有煞星或對宮煞星沖時則兄弟較少或多爭執糾紛，感情不睦。 2 宮內正曜性質穩重（如：紫微、天機、太陽、天同、天府、太陰、天相、天梁），且不見煞，則容易得到兄弟幫助，如在見魁鉞或輔弼在此同會，則表示助力及貴人多由兄弟而來。 3 如正曜帶孤剋性（如：武曲、廉貞、巨門、七殺、破軍、貪狼）表緣分淺薄或難以得到助力，如再見煞則表示兄弟不合或相互間鬥爭嚴重。 4. 如兄弟宮得廟旺之日月齊照，則兄弟之間必有成就卓越之人。

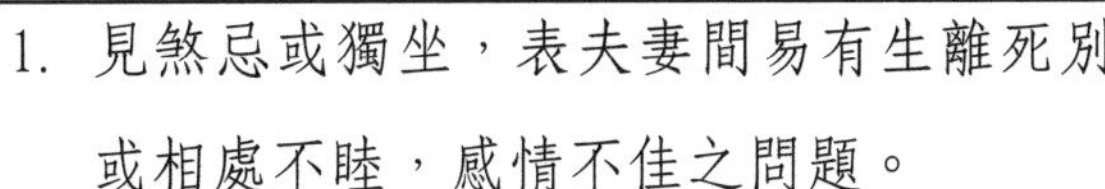

夫妻宮	1. 見煞忌或獨坐，表夫妻間易有生離死別或相處不睦，感情不佳之問題。 2. 單見左輔、右弼，在遇煞忌，則容易發生第三者問題，尤其是右弼。 3. 見孤辰、寡宿、陀羅只宜晚婚，早婚易導致生離死別。 4. 見天馬、解神則為離婚的組合，若值煞忌諸曜衝起尤確。 5. 夫妻宮遭空、劫夾制，多與異性有緣無份，以單戀狀況居多，感情不易有結果。 6. 夫妻宮暗合位倘見祿存，化祿或桃花星曜，則命主易有「偷吃」的情況發生，須特別注意。

子女宮	1. 古曰：凡觀子息之有無，四煞空劫逢之則害，見煞忌則子女數量少甚至無子或早夭（如火、鈴、空、劫）或子女難以以奉老，叛逆等問題。 2. 如正曜陽剛氣息重（如紫微、天機、太陽、武曲、廉貞等）先生男，見正曜陰柔氣息重(如:太陰、天府、巨門、天相、天梁等）先生女；又研判小孩性別時，須以母親命盤的子女宮星曜為準。 註：斗數無法推論子息之數量，尤其是科技發達的今日，不孕症亦可得子，故僅列於參考。

財帛宮	1. 見武曲、化祿等財星正坐或日月齊照且不見煞，古曰：堆金積祿。 2. 財帛宮遇煞忌或空劫，縱有財亦難聚，財來財去一場空或象徵命主必經一番勞苦而得財。 3. 凡斷人的財貨多寡，除財星正坐財宮之外。更需注意天府、天相、祿存是否三合，如府相不見祿，為空庫一座，亦不可為富人之斷。 4. 如天府、天相與祿存係暗合關係，則此人多業外之財。 5. 財帛宮只宜見化祿而不宜見祿存，因祿存必遭羊陀夾制，財宮遭夾，吉則轉化為守財奴，不吉則財亦難聚。或主其財多係穩定細水長流之財，難有偏財。 6. 倘見鈴貪，火貪格局，表示該人財常橫發，亦可視為偏財運的象徵。 註：此組合出現於命，福德，田宅宮亦同，主偏財。

疾厄宮	1. 紫微、天府：絕對吉星，逢疾亦可得良醫。 2. 見下列星曜則易患相對疾病，須特別注意： (1) 頭疾（如：中風、偏頭痛等）：太陽 (2) 皮膚、腫瘤類疾病：天機、廉貞、天相 (3) 呼吸系統（心、肺或氣管等）：天同、七殺、破軍、武曲 (4) 血液循環或代謝系統：太陰、巨門、天梁 (5) 腎臟、肝臟或泌尿系統：貪狼 (6) 破相：火鈴 3. 如作上述星曜再遇四煞（羊、陀、火、鈴）： (1) 四肢有殘：天機、天相、天梁、七殺、巨門 (2) 目疾：太陽、貪狼 (3) 痔瘡或暗瘡：武曲

遷移宮	1. 遇六煞星，主出外多是非糾紛或競爭且容易發生懷才不遇的情形。 2. 遇天魁、天鉞則多貴人提攜，機遇多，遇左輔、右弼則易得朋友助力。 3. 見祿存且不見煞，宜外地求財。
僕役宮	1. 正曜性質穩重（如：紫微、天機、太陽、天同、天府、太陰、天相、天梁），且不見煞，表與朋友及下屬關係良好，見正曜帶孤剋性（如：七殺、廉貞、貪狼、巨門、破軍），則容易因友而生是非或難以結交益友。如正曜帶孤剋性且見煞忌，則易遭朋友、下屬背叛出賣或因此導致災禍。 2. 僕役宮絕對不宜見祿存或坐、會。表示易因友而破財，或命主為重義不惜財之人。如再遇空劫，則易遭朋友欺騙破財甚至傾家蕩產。古曰：祿落僕役，縱有官也奔馳，即為此意。

官祿宮	1. 遇煞忌齊臨或夾制，則此生在職場上必多波折起伏且奔波勞碌。 2. 遇吉星會照，則多機遇及貴人提攜，較易有所成，但仍須視命主本命宮表現出的個性模式來整體判斷。
田宅宮	1. 遇武曲、化祿或日月齊照且不逢煞忌空劫，表 命主多有祖產或不動產。 2. 由於田宅宮可為財庫的表徵，遇空劫，則為庫破，此生難有積蓄或無法自置不產，如有祖產則多為破敗之結局。 3. 遇破軍結構佳者先有後無爾後又有，結構不佳者敗家。 4. 遇煞忌齊臨，則為難有不動產或家宅易發生意外（如：火災、遭法拍等狀況）。

福德宮	1. 遇煞忌齊臨者，則人生多勞碌且多起伏波折，其人生難有享受清閒之時，通常亦為較無趣之人。 2. 紫微或天同、天梁坐福德宮，則此人個性較為懶散不積極。 3. 福德宮星曜帶孤剋（如：七殺、破軍、貪狼）性質，除增加此生奔波勞碌之外，其個性、脾氣通常不佳。 4. 遇空劫雙煞，則此人本性糊塗、散仙、易受他人欺騙，且其思緒多面讓人難以理解但想像力豐富，卻反倒適合研發或文學創作等。

父母宮	1. 遇煞忌齊臨，表與父母關係不佳或相剋。宜過房重拜父母可免刑剋。 2. 空劫雙煞臨，表與父母緣淺或自小離家遠行，或寄養等。 3. 父母宮見化祿或吉星拱照，且不見煞忌，則此人家世背景及成長環境必佳，如父母宮逢廟旺之日月齊照，其父母多為社會有名望（如：民意代表、醫生、地方仕紳等）之人。

天馬、祿存或化祿交會情形	祿馬交馳為研判命主是否適宜創業的觀察點，如結構不佳（如折足馬或拆馬忌等），則此人只宜穩定收入上班族。
六吉星分布狀況	六吉星交會處通常是個人的助力（如輔、弼）及貴人（魁、鉞）所在。如此類星曜組合不佳，則命主亦難有所成就。
看日月及紫微星組合狀況	太陽、太陰及紫微星群的組合是古人評斷命主富貴貧賤的主要點，因此超強的大格局多是此類組合，如命主此處組合不佳，則人生難免走的辛苦，且難有成就。
命宮、身宮的星宿組合	命宮判識原則詳前章，暫不贅述；身宮位置通常是一個人最重視的點，如身居夫妻，表示重視夫妻（男女）關係，又身宮表後天，因此身宮帶煞，其人易有外傷，且常感失落。

命宮、身宮的星宿組合	命身宮強弱影響命主的壽元，如命弱身弱者，格局不佳或流年星曜組合不吉，且福德及田宅會空或無正曜時，特別容易出現重大意外，其判識原則有二： 1. 命、身宮正曜數量，如無正曜或會空系星曜，可視為命弱身弱局，反之則反 2. 命、身宮三方四正吉曜數量，如見吉星多，則視為為強命或強身，反之則反。 基於命身強弱情形，亦可判定四種狀況： 1. 命身皆強：於大限行進遇較凶惡的情況，得以平安度過，如遇到好的大限可望得到好的際遇及成就。 2. 命身皆弱：於大限行進遇較凶惡的情況，

命宮、身宮的星宿組合	難以度過，如本命格局不佳，易有早夭的情形，如遇到好的大限也難以把握。 3. 命強身弱：於大限行進遇較凶惡的情況，雖傷害難免，但至少可以度過，遇到境遇較佳的大限，容易產生挫敗。 4. 命弱身強：於大限行進遇較凶惡的情況，小意外可望度過，但過於兇惡亦難以全身而退，遇較好的大限，偶有好的際遇及成就，但因命為根基，基礎不穩，再強勢也是曇花一線，故為風雲際會之局勢。

本生四化星的分佈狀況	四化星中其星性設定為三吉一兇，因此化忌星所衝、坐宮位往往是人生最容易發生挫折之處，化祿星位置亦須特別注意，因其表一生的財富多寡。

其他十一宮位	其他宮位判識有幾項重點，茲分述如下： 1. 主星曜性質佳否，穩定？孤剋？浮動？煞星？空星？ 2. 三方四正對本宮星曜的影響及變化。 3. 夾宮情形如何？如：雙祿夾財，刑囚夾印等。 4. 是否成特殊格局？如日月照壁等。 5. 是否見煞？煞星的性質為何？見煞數量是否超過 2 顆以上？

大限與流年	推演大限與流年時有幾項重點，茲分述如下： 1. 於判識大限、流年時，需考量命主本身的特質，在此大限可能發生的情況將如何應對。 2. 大限行進應從第二大限起，看各個大限的起落吉凶，並參照大限宮干四化之情形（原則上僅需注意化忌與化祿即可），如大限宮位星曜組合不佳，且逢煞又遇化忌，尤其本命盤化祿轉化忌時，更是人生重大波折起伏之時。 3. 大限、流年行進遇到良好格局時，又逢大限宮干化祿或流年化祿照會入命宮且不見煞侵，則該大限或流年必為開運或轉運之時。 4. 大限、流年行進時，起伏不宜過大，最忌前後兩個大限差異太大，蓋人難以承受兩個完全不同的10年。最好的行進方式是平穩，不宜大起大落。

說明：許多人對於星性背的滾瓜爛熟，但一看到星盤就全亂了套。看到這裡，就漏了那裡，結果功力仍然是鴉鴉烏，論自己不準也就算了，最怕學藝未精，就貿然與人論命，倘因此導致因果錯置，那可就真是害人不淺了。

究其因是在於缺乏正確且有系統的判識步驟，因此山人除針對各宮位判識法及順序描述如上，更綜合了山人多年論命經驗得到的判識原則及論斷順序，供學者靈活視現實狀況交互運用。

學者僅需依據上列順序逐步推敲，輔以對星性的確實掌握，自能進行命盤論斷推演，進而給問命者最中肯貼切的建議。

在此透露個山人論命的小訣竅（或稱為經驗法則亦可），如想得知論命者的來意，基本上只要注意其流日化忌宮位，即可得知困擾之處，準確度高達75％以上，如是流月化祿於當日轉化忌，則準確度高達90％以上。例如流日化忌落於財帛宮，且又是流月化祿轉化忌，則此人必因金錢問題所擾，餘依此類推。

七、各宮位判識原則及方法

第八章

格局總論

第八章 格局總論

8-1 格局簡介

提到格局，相信大家一定是一個頭兩個大，跟雜曜一樣，好像背都背不完，很多同好學習紫微斗數時，大都是陣亡在這兩個地方。

熟悉山人教學模式的同好就知道，山人最痛恨死背死記的方式來學習，因為星曜那麼多，格局那麼多，用背的，你永遠也學不會。必須要化繁為簡，化整為零，以分類歸納的方式，用簡單的聯想及圖像來記憶學習，才是正確的學習法。

雜曜部分，山人依其特性區分為十大類，各位只要按照分類，稍為聯想，就可以解決雜曜的問題了。格局也是如此，其實只要記得：六吉星與六煞星還有中天星系，就可以在短時間內快速判識出來。現在，山人就位各位說明，如何快速將惱人的格局給快速組合出來吧。

8-2 紫微斗數格局分類

格局，簡單來說，就是斗數星群中，星曜的特殊組合。紫微斗數是星象學，所以星曜的組成是最基本的理論。例如大家常聽到的天文異相：「五星連珠」、「熒惑守心」等。

而格局，是由星曜所組成，所以也以此來分類記憶，會是最好的方法，茲分述於下列章節。

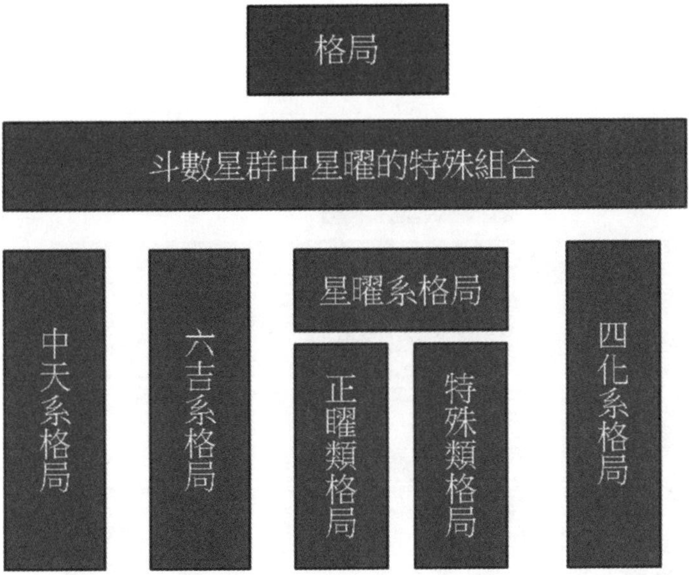

格局

斗數星群中星曜的特殊組合

中天系格局

六吉系格局

星曜系格局

正曜類格局

特殊類格局

四化系格局

8-3 中天系格局

中天系格局：指由中天系星曜所組成的格局，中天系星曜 有哪些，就是：紫微、太陽、太陰。由此三顆星曜所組成，常見的中天系格局如：君臣慶會、日月照命、日月並明等。這類型的星曜，想就知道一定是相當好的星群組合。所以通常有中天系格局且組合良好的人，大都非富即貴。

所以只要命宮三方四正，見到此三顆星曜，又雙雙對對入宮，且無六煞星侵擾，即可認定為「中天系格局」。

＊註：紫微星必須會照左輔或右弼任一顆，否則仍以破局論之。

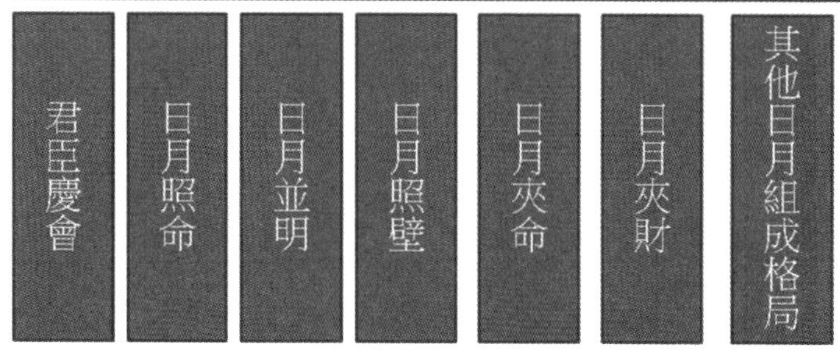
中天系格局
係指由中天星系:太陽、太陰、紫微所組成的格局。只要命宮三方四正逢日月同時入命或是紫微星逢左輔右弼(倘僅有輔弼一顆，亦算入格，紫微無輔弼，不算)，或於左右夾宮，即可成局。
君臣慶會
日月照命
日月並明
日月照壁
日月夾命
日月夾財
其他日月組成格局

8-4

六吉系格局

係指由六吉星組成的格局，六吉星包含：天魁、天鉞、文昌、文曲、左輔、右弼。由此六顆吉星組成的格局。相當然耳，吉星所構成的星群組合，當然好的結果了。常見的六吉格局如：昌曲拱命、昌曲夾命、輔弼拱命等。

在判識此類星群組合，其實只要看到命宮三方四正是否有此類星曜入命，又成雙成對，且無六煞星侵擾，即可認定為「六吉系格局」。

六吉系格局

係指由六吉星成雙成對入命所構成的格局(昌曲、魁鉞、輔弼)，只要命宮三方四正見六吉成雙成對入命宮或於左右夾宮，即構成六吉系格局。

- 其他六吉組成格局
- 蓋世文章
- 輔弼夾命
- 昌曲夾墀
- 輔弼拱命
- 魁鉞拱命
- 昌曲拱命

8-5 星曜系格局

此類型格局可區分為兩類：正曜類格局及特殊類格局，茲分述如下：

A. 正曜類格局：

係指以十四正曜為主體所構成的格局，常見的諸如：七殺朝斗，府相朝垣，雙祿交流等。

在判識此類星群組合，其實也不難，由於星曜系格局，必須要會照祿星，方可成局，是故只要命宮三方四正不會祿，馬上就可以判定沒有星曜系格局了。如果有，

星曜系格局-正曜類

係指由星曜組成之格局，一般而言，星曜系格局必須要會祿，否則平常而已。故如命宮三方四正不逢化祿或祿存會照，則此盤即無星曜系格局。

府相朝垣

日照雷門

陽梁昌祿

七殺朝斗

雙祿交流

祿馬交馳

其他星曜組成格局

那就麻煩各位辛苦一點，翻翻下一節的格局介紹了。

B. 特殊類格局：

係指由煞星所組成的格局，此類型格局，不需要會照祿星即可構成。而此類星組合，想當然爾，就是與偏財或是武職有關(例如：專門職業及技術類人員或是軍警消等)。常見的有火羊格、火貪格、鈴貪格等

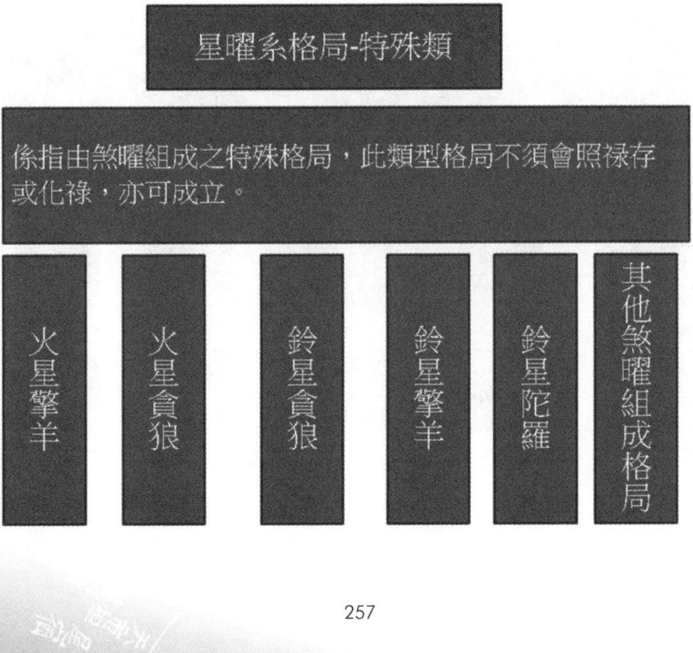

星曜系格局-特殊類

係指由煞曜組成之特殊格局，此類型格局不須會照祿存或化祿，亦可成立。

火星擎羊	火星貪狼	鈴星貪狼	鈴星擎羊	鈴星陀羅	其他煞曜組成格局

8-6 四化系格局

係指由四化的三化（化祿、化權、化科）所組成的格局，這類格局如果組合佳，又不逢煞忌，其吉祥程度，不遜於中天系格局。

常見的四化系格局如：祿權巡逢、科祿會命等。

判識此類型格局，也是相當快速，只要注意命宮三方四正是否有此三化星其中兩化出現，如有即構成四化系格局。

化星系格局

係指由四化中的：化祿、化權、化科等三化，只要命宮三方四正會照其中兩顆，即可稱之為化星系格局。

- 其他化星組成格局
- 祿權交流
- 科祿巡逢
- 祿權巡逢
- 三奇佳會

8-7 格局快速判識原則

格局雖多，不脫此四大類，所以在判識格局時，只要對此類型組合稍加注意，即可快速判識，為利於各位學習，山人將格局快速判識的次第及順序，列述如下：

1. 看命宮或是欲判識宮位之三方四正是否有紫微、太陽、太陰，如有紫微，就看是否有左輔、右弼任一顆出現，如沒有，就算是沒有格局；太陽太陰與六吉星同，必須雙雙對對，才能保證萬年富貴。
2. 看命宮或是欲判識宮位之三方四正是否有六吉星任一組出現，如否，則此盤無六吉系格局。
3. 看命宮或是欲判識宮位之三方四正是否有會祿存或化祿，如果沒有祿星，直接就可以認定無正曜系格局。如果有，就要注意正曜的組合，稍微翻一下本書第8-8的介紹即可。

4. 看命宮或是欲判識宮位的煞星會照狀況，如煞星單入或成雙成對進入，則無此類型格局，如有見羊陀火鈴四煞不成對進入，或遇貪狼，則此盤就擁有特殊類格局。

5. 看命宮或是欲判識宮位之三方四正是否有化祿、化權、化科等，只要見到兩顆，就算是化星系格局，反之則反。

8-8 常見格局介紹

類型	格局名稱	星曜組合	解義
富貴之命格	財蔭夾印	謂天相落命或田宅宮，見化祿或祿存與天梁夾謂之	容易得到上司、父母或其他長輩的提攜幫助，得到財富或地位。
	日月夾財	武曲落命或財帛宮，遇日月來夾	財星坐財宮，又逢日月夾，為得盡天時之力獲取財富。
	財祿夾馬	天馬落命，逢武曲、祿存來夾	天馬為動中求財之意，逢財星及財來夾，則可於動中獲取財富。

類型	格局名稱	星曜組合	解義
富貴之命格	蔭印拱身	身在田宅宮，三合或對宮有天梁天相	身居田宅宮，又逢天梁、天相來照護，故能得到長輩助力獲得不動產或因不動產而巨富。
	日月照壁	日月齊照或共度於田宅宮	蓋田宅宮為財庫之意，得日月吉星來照，表示其人不動產或財庫豐厚之意。
	日麗中天	太陽坐命守在午宮	太陽屬火，午宮又為火旺之地，加上太陽於午時最為炙烈，又太陽表富貴，故有富可敵國之譽。
	積富之人	廉貞、七殺均廟旺謂之，若均落陷則反為下賤之命	為善於累積財富之人。
	先貧後富	武曲、貪狼居命宮	為中年（40歲）之後方有成富人機會，年輕時亦有窮途潦倒之勢，古曰：武貪不發少年人。即為此意。

類型	格局名稱	星曜組合	解義
富貴之命格	日月夾命	命宮逢日月來夾	日、月為萬物造化之主，命宮如能逢此相夾，則自然是貴不可言。
	日出扶桑	太陽在卯宮坐命	太陽在卯宮正值東昇之時。又稱日照雷門格。為貴命之格。
	月落亥宮	命坐亥宮，太陰獨坐	太陰主一生之快樂，亥宮正值月出之時。為貴命。且太陰表財富之意，故得財容易。又名月朗天門。為富貴雙全之造。
	月生滄海	太陰在命宮或田宅宮，且居子宮	太陰主富，子宮正值太陰廟旺，太陰屬故易得財富之表徵且太陰為貴氣，亦為富貴雙全之命造。

類型	格局名稱	星曜組合	解義
富貴之命格	君臣慶會	命坐紫微，三方四正中見左輔、右弼、天府、天相、天魁、天　等吉星會照稱之	紫微為帝座，得群臣來朝拱，政事自然得以順利推展，古曰：才善經邦。得此局則此人必能有所成。
	輔弼拱命	於命宮之三方四正或夾宮中見左輔、右弼	紫微為帝座，而輔弼又為助星，帝能得助自然在多助力的情況下得以成就。若命宮坐紫微，又稱輔弼拱主。
	財蔭夾祿	祿存落財帛宮，又見天梁武曲來夾	祿存為財帛之意，自然喜歡坐落財帛宮，而財居財位且又逢蔭及財星來夾自然輕易能有豐厚之財。
	祿馬交馳	祿存、天馬於命宮之三方四正相會或於四生地對拱均稱之	得以在奔波中求取財富，有此格者利於外地求才或從事商賈生意，必有所成。

類型	格局名稱	星曜組合	解義
富貴之命格	祿馬佩印	祿存、天馬、天相三星入命宮	與祿馬交馳情況相同，但又見天相星，蓋天相化氣為印，故較僅有祿馬交馳的人，進財更為容易。
	坐貴向貴	天魁天鉞坐命或在三合相會	此格又稱蓋世文章，魁均為貴人星之意，亦即可以得到貴人扶助或是本身文采蓋世，此格又稱為公門格。
	七殺朝斗	七殺坐命，其對宮為紫微天府	由於紫微天府均為主星，而七殺為帥，直接受命於主，故其才能必能全力發揮。此格為富貴雙全之格。擁有此格的人通常工作能力強，也因此成功的機會大。

類型	格局名稱	星曜組合	解義
富貴之命格	日月並明	命宮與日月在三合相逢或太陽居辰、巳宮，太陰居戌、酉亦可	此組合日月皆居廟旺之地。又稱丹墀桂墀格，古曰：早遂青雲之志。意即少年有成之意。
	命格	命宮三合見化科、化權、化祿	又稱為三奇佳會，蓋權祿科為成功的要件，此三化入命表示天生即擁有此成功的優勢，家世通常不錯，且容易成功，無論在何行業均能出類拔萃。
	三合火貪	命宮見火星貪狼	火貪格為奇格，再煞曜中有詳細述明，在此不贅述，此為橫發格局，亦為橫財格。
	巨日同宮	巨門太陽同居命宮又坐寅宮	蓋巨門為陰暗之意，太陽為光明之意，故得以改善巨門陰暗性轉化為光明。利於求取功名與利祿，古曰：官封三代。

類型	格局名稱	星曜組合	解義
富貴之命格	紫府朝垣	紫微、天府於三方四正照命	雙主星拱命。故其富貴自不可言。
	府相朝垣	天府、天相再命宮三方四正相會	此格局人通常能力都很強，所以容易貴顯。
	雙祿朝垣	化祿、祿存同照命宮	祿存與化祿均為財帛之意同照命表財富可觀，故亦為富貴雙全之局。
	祿權巡逢	化祿、化權同照會入命宮	祿為財，權為貴，表此人功名利祿，一蹴可及。富貴雙全之局。
	極響離明	紫微居午謂之	紫微為帝座，又五行屬土，午宮在五行上屬火，火來生土，極旺也。帝座得以居旺地，自然貴不可言。

類型	格局名稱	星曜組合	解義
富貴之命格	輔拱文星	文昌居命宮，得左輔、右弼來拱謂之	文昌星為文職之星，得輔弼來拱，自然得以顯貴。
	命格	破軍居午且守命宮	破軍屬火，午宮亦為火旺之地，自當貴不可言。
	石中隱玉	巨門守命宮且居子午者謂之	必經過一番磨難方有所成，如同藏於石中的美玉，必經嚴苛磨煉方可展露光芒。
	雄宿乾元	廉貞在申或寅宮守命	此格局能力強，必位居要津獲成就大事業。
	陽梁昌祿	命宮或官祿宮之三方四正見太陽、天梁、文昌、祿存四星	此為公職顯貴格局，利於典試，古以官為貴，此局亦為公門命格，且多為高官。古曰：金殿傳臚。

類型	格局名稱	星曜組合	解義
文人之命格	文星暗拱	命坐化科星，且三方四正見文昌、文曲。如命不坐化科，得為文星拱命	文昌文曲均為文職顯貴之星，同來拱命及表示此人多才多能，必能以文職顯貴。
	昌曲夾命	命宮逢文昌、文曲來夾	同上。
	多學多能	昌曲居命坐辰戌亥卯酉宮	昌曲坐上述宮位均為廟旺之地，故利於文職顯貴。
	機月同梁	命宮的三方四正中見天機、太陰、天同、天梁四星交會	此組合穩定性強，但積極度不足，故只宜文職或穩定的工作。此局又為公門命格。古曰：機月同梁作吏人。

類型	格局名稱	星曜組合	解義
武人之命格	將相之名	即鈴貪格是也	蓋此兩星互煉，故利於武職顯貴。
	威權出眾	即火貪格是也	蓋此兩星互煉，故利於武職顯貴。
	聲名遠播	廉貞居命不見煞侵，且居廟旺	廉貞本有雙重個性，在不見煞曜影響且居廟旺之地，反吉。利於武職顯貴。
其他之命	秉性寬厚	左輔右弼同居命宮謂之	輔弼乃斗數中重要的輔助星曜，凡善於輔佐者，其性必好，故以秉性寬厚稱之。
	出外從云	破軍、七殺同居命宮	七殺及破軍的組合過於劇烈，容易衝動誤事，難有大成。故只宜習專門技藝行走天下謂之。

類型	格局名稱	星曜組合	解義
天折短壽之命	喪命天年	命宮見廉貞會昌曲，即為＜昌廉＞或＜昌貪＞格（但若加武曲、天相則掌權而貴顯）	廉貞不喜與昌曲同度，因性質過於接近，且廉貞具雙重個性，過剛則折，過柔亦同。又有粉身碎骨之稱。
	鈴昌陀武	鈴星、文昌、陀羅、武曲四星於三合相會	此格為斗數的極惡格。又有鄧通餓死之稱。
	終身縊死	身命宮見巨火羊三星獲大限遇之，再見煞星謂之，或稱巨逢四煞	蓋巨門為暗曜，火羊雙煞雖成格卻逢暗曜所破。則其兇更巨。此格又稱巨火羊格，為斗數的惡格之一。
	殺拱廉貞	七殺、廉貞化忌於命、遷移宮對拱，逢羊、陀又落羅網中（辰、戌二宮）	七殺廉貞組合過於剛克，又落於命遷宮，且落天羅地網中，如有意外將難以突破。為橫遭不幸之意（如車禍等）。古曰：半路埋屍。

類型	格局名稱	星曜組合	解義
夭折短壽之命	陣中亡	七殺獨坐逢四煞齊臨	七殺為剛克之星，又逢四煞侵襲，過剛則折，因此容易遭遇意外不幸。
	馬頭帶劍	擎羊在午、卯守命或陀羅在寅申巳亥宮守命謂之	羊陀皆煞忌，在此宮位為落陷之勢，兇星落陷，其威更甚。故曰：非夭折即主刑傷。
貧賤之命	生不逢時	命宮見廉貞、地空或其他的空曜	廉貞逢空，則難有發揮餘地，故曰：生不逢時。
	祿逢兩殺	命宮有化祿或祿存而四煞齊臨	祿存及化祿均為財帛之意，財帛逢煞侵則不易守，自然為貧賤之局。
	馬落空亡	天馬與地空地劫同宮，如於三方四正在遇羊陀，則為折足馬	蓋馬為求財之器，器逢空，自然奔波勞碌，難有所獲，又於三方四正遇煞，則如同折足般，更難有成。

類型	格局名稱	星曜組合	解義
貧賤之命	日月藏輝	日月反背居命，對宮見巨門落陷	日月反背問題，再十四正曜之太陽一節有詳細介紹，不贅述。
	財與囚仇	武曲、廉貞三方會照入命宮或分別居於命宮、身宮	武曲為財星，廉貞化氣為囚，蓋求財必易生官非糾紛。而財為生活之必需，故為貧賤格局並不為過。
	一生孤貧	武曲、廉貞三方會照入命宮或分別居於命宮、身宮	此兩星素組合易導致求財不順利（過於剛克且缺乏謀略），故論之。
	兩重華蓋	祿存、化祿、地空、地劫四星同在命宮	蓋祿存與化祿均為財帛之意，財遇空劫，自然財難留。又稱為倒祿。女命逢之，感情路易有不順遂及遇人不淑之嘆。

類型	格局名稱	星曜組合	解義
貧賤之命	下賤孤寒	廉貞居命，命身分居巳亥宮，三合對宮又無吉星	凡廉貞坐命大部分出現惡格，須特別注意，無吉星扶持的廉貞，因無制，故易肇致禍事。
	飄蓬之客	太陰落陷，見天梁	蓋此兩曜均有孤傲的本質，兩星相會大有千山我獨行的特性，故飄蓬江湖實難避免。
	生來貧賤	身、命、福德宮見地劫、地空且宮內無吉星又均陷落	身、命、福德為本，無吉星自然命身皆弱，再逢空劫，福報更是難有，故評為貧賤。
	極居卯酉	紫微、貪狼同在卯或酉坐命	此格局對於在情感或事業方面難有成就。古曰：多為脫俗之僧。

類型	格局名稱	星曜組合	解義
貧賤之命	梁馬飄蕩	天良與天馬相會謂知	蓋天梁已有不安定的本質，在會天馬更是變本加厲。難以安定。
	命無正曜	命宮裡不見十四正曜謂之	此格局人較無主見，比較沒有特色，易隨波逐流或意志軟弱。因無主星之故。
	命裡逢空	地劫、地空二星守命	空劫雙煞可喻為盜匪，命身逢之，則遭其剝削奪取，無論在精神或實質的金錢上都難有結餘。故為貧賤之論。
	空劫夾命	地劫、地空二星夾制命宮	空劫雙煞可喻為盜匪，命身逢之，亦遭剝削之意，在金錢上都難有結餘。亦為貧賤之論。

類型	格局名稱	星曜組合	解義
貧賤之命	羊陀夾忌	化忌坐命，擎羊、陀羅於兩鄰宮相夾	羊陀及化忌均為煞曜，兩曜夾忌且居命宮，則其難有成就。
	羊陀夾命	命宮見羊陀來夾制	羊陀均為煞曜，命宮遭夾制，亦難有成就，古曰：夾羊夾陀為乞。
	火鈴夾命	命宮見火鈴來夾制	火鈴均為煞曜，命宮遭夾制，則易因衝動導致災禍，亦難有成就。
	風流杖彩	擎羊與貪狼同於寅宮守命	貪狼屬木，寅宮為木生之地，加強貪狼喜酒色財氣之惡習，加上擎羊化氣為刑，故多因色招致災禍。

類型	格局名稱	星曜組合	解義
貧賤之命	泛水桃花	貪狼於子、亥宮坐命	子、亥宮均為水生旺之地，貪狼或廉貞均為桃花星，桃花遇水自然朵朵開，故此局人風流且易招惹桃花劫。須慎之。
	吉處藏兇	祿存、化祿坐命三方四正見地劫、地空	與祿逢兩殺雷同，此局人應有居安思危之意識。
	刑忌夾印	天相受化忌和天梁於左右鄰宮相夾；或天相受化忌和擎羊於左右鄰宮相夾均稱之	此部分於天相星一節以詳述，不贅述，此局人易進退失據，導致破敗刑傷或災厄。

類型	格局名稱	星曜組合	解義
貧賤之命	文星遇夾	文星（文昌、文曲）守命，遇空劫或火鈴或羊陀等煞要來夾制	文星為個人才華的表現，遭煞夾制則易有懷才不遇的跡象。
	眾水朝東	身命居寅卯宮，遇昌曲破軍	寅卯宮位木生之地，破軍及文昌屬水，故稱之眾水朝東，如同水上行舟，一生辛勞。

第九章

紫微斗數快速判識技巧《九品觀星法》

第九章 紫微斗數快速判識技巧【九品觀星法】

9-1 九品觀星法介紹

許多同好在談及星曜特性時，相當有研究，但一攤開星盤，就不知所措，其實這就是沒有一個好的判識次第，依照先後順序，逐步推演。因此建立一個系統性的判識原則及次第，相當重要。這也是山人出版一系列紫微斗數實例分析書籍的主因。

為使各位同道好友及同學能以最有系統性及最平易近人的方式，在最短時間內，即可判識此盤之優劣，故依據多年研究心得及實務經驗提出「九品觀星法」的論斷技巧。

如能運用此技巧，並加以演練，相信快則一分鐘，慢則五分鐘，馬上就可以判識一個星盤或是宮位的好壞高下，一般而言，只要能夠判識出星盤或宮位的好壞優劣，那麼論命工作也完成七成以上，剩下的就是依據三方四正星曜落宮組合及星性與四化牽引軌跡來解釋其原由。所以「九品觀星法」相當好用，也深深期盼各位同好能夠認真仔細的研讀完這個章節，相信能夠快速提升您的論命功力。

九品觀星法，簡單來說只有兩大主軸：格局及星曜，透過有系統，有次第的快速分析命盤或欲判識宮位的優劣高下及一生的貧賤富貴。

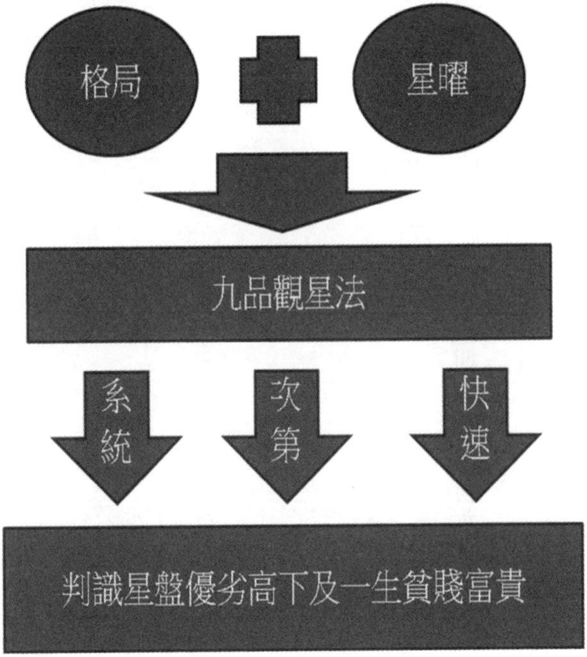

9-2 格局及星曜判識說明

誠如前述，九品觀星法，就是藉由格局及星曜來快速判識星盤的一種技巧，所以此法的運用相當簡單，只有兩個步驟。至於為何稱此法為「九品觀星法」呢？因山人將星群組合區分為兩大類：「格局」與「星曜」；而其中各區分為上中下三格，故總共有九種組合。而將此兩組綜合論斷，又可區分為上中下各三品。茲就此判識技巧，分述如下：

＜1＞區分格局

先觀察三方四正星曜組合，來研判是否形成格局，快速判斷格局的方法，詳本書第八章格局總論。又從格局可分為三種品級：

A. 數上格

如星曜組合形成中天系格局，且不逢煞忌侵擾，則命主非富即貴，未來成就定然不凡，故以數上格論之。

B. 數中格

如星曜組合形成六吉系格局（昌曲魁鉞輔弼組成）、星曜系格局（七殺朝斗、府相朝垣等）、化星系格局（祿權巡逢、三奇佳會等），則命主定然富貴綿延，是故區分為數中品。

C. 數下格

不形成任何格局者謂之。

＜2＞區分星曜

區分星曜就相當簡單，只要記得六吉星與六煞星即可，因此法區分星曜品級的方法，就是指針對吉煞星的數量做評比。故依據吉煞星分布數量，可區分為：

A. 星上格

如三方四正皆有吉曜，又不見煞忌等凶曜，以星上格論之。

B. 星中格

如三方四正吉煞星曜互見，且吉星數量大於煞星，則以星中格論之。

C. 星下格

如三方四正煞曜多於吉曜，以星下格論之。

九品觀星法	星曜	星上格:命宮三方四正無煞有吉。
		星中格:命宮三方四正吉煞互見。(吉星>煞星)
		星下格:命宮三方四正無吉有煞。(煞星>吉星)
	格局	數上格:中天星系格局(紫微、太陽、太陰)
		數中格: 1.六吉系格局(昌曲魁鉞輔弼組成) 2.星曜系格局(七殺朝斗、府相朝垣等) 3.化星系格局(祿權巡逢、三奇佳會等)
		數下格:無任何格局

9-3 九品觀星法品級分析

星曜與格局區分好了，那麼就開始分級吧，由於星曜分三格，格局亦分三格，兩相對應，可區分為九品，為利於了解，再區分為上中下三品，分述如下：

A. 上三品

1. **星上格＋數上格**
2. **星上格＋數中格**
3. **星上格＋數下格**

以上三種組合，均可以富貴論之，皆為上格上壽之人，行限交大運時，富貴綿延。以古代官位來分別，此三種組合，當位至六卿以上，其中當然是以第一種組合最佳。

B. 中三品

1. 星中格＋數上格

2. 星中格＋數中格

3. 星中格＋數下格

以上三種組合，皆為中等享福之人，行限交大運時，可得富貴，但不耐久，多為風雲際會的狀況，發過即花。以古代官位來區分，分別為：監司，縣令，異路刀筆功名者。

C. 下三品

1. 星下格＋數上格

此局亦為富足論之，因星曜雖凶，但整體組合架構格局夠高，以合局理解之，但其所享之功名利祿，因星曜為下格，故多虛名虛利罷了。

2. 星下格＋數中格

此局以衣食無虧，尚可度日論之。

3. 星下格＋數下格

為辛苦奔波，貧窮夭折，勞碌無成之命也。

品級	等級	格局	說明
上三品	上上	星上格+數上格	上等上壽，富貴雙全之人，行運大限交會，富貴綿延。
	上中	星上格+數中格	
	上下	星上格+數下格	
中三品	中上	星中格+數上格	中等享福之人，行運大限交會，可得富貴，唯不耐久。
	中中	星中格+數中格	
	中下	星中格+數下格	
下三品	下上	星下格+數上格	亦主富足，星凶但數高，以合局理解，唯多虛名虛利
	下中	星下格+數中格	衣食無缺，溫飽無虞之人。
	下下	星下格+數下格	辛勞奔波，貧窮清苦且難有所成之命

9-4 九品觀星法實例演練

案例1

步驟一：區分格局

1. 命宮三方四正，無紫微，太陽，太陰所構成的大格局。

2. 命宮三方四正逢天魁天鉞拱照，屬六吉系格局，又單會文昌，為坐貴向貴，蓋世文章之局。

經檢視三方四正星群組合，

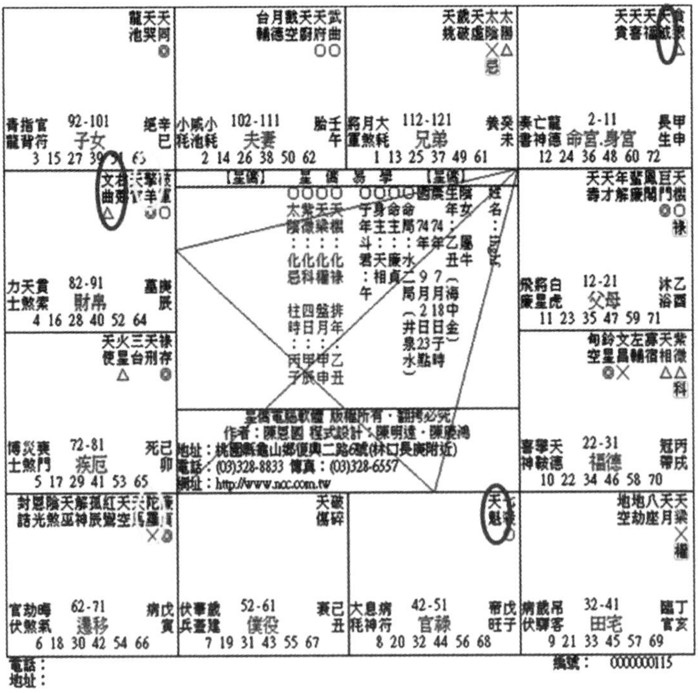

龍天天 池哭同 壽指官 92-101 絕辛 龍背符 子女 巳 3 15 27 39 51 63	台月蜚天天武 輔德空廚府曲 小咸小 102-111 胎壬 耗池耗 夫妻 午 2 14 26 38 50 62	天歲天太太 姚破虛陰陽 忌 將月大 112-121 養癸 軍煞耗 兄弟 未 1 13 25 37 49 61	天天天天貪 貴喜福鉞狼 奏亡龍 2-11 長甲 書神德 命宮.身宮 生申 12 24 36 48 60 72
文右 擎 天 曲弼 羊 機 力天貫 82-91 墓庚 士煞索 財帛 辰 4 16 28 40 52 64	【星僑】 星僑易學 【星僑】 太紫天天 陰微梁機 化化化化 忌科權祿 子身命命 年主主局 斗：：： 君天廉水 ：相貞二 午 局 國農生陰 年女 74 74 年年乙屬 丑牛 9 7（海 月月中 2 18 金） 日日（井 23子 泉 點時 水） 姓名： 柱四盤排 時日月年 ：：：： 丙甲甲乙 子辰申丑		天天年蜚鳳巨天 壽才解廉閣門機 祿 飛將白 12-21 沐乙 廉星虎 父母 浴酉 11 23 35 47 59 71
天火三天祿 使星台刑存 博災喪 72-81 死己 士煞門 疾厄 卯 5 17 29 41 53 65	星僑電腦軟體 版權所有．翻拷必究 作者：陳恩國 程式設計：陳明達．陳展鴻 地址：桃園縣龜山鄉復興二路6號(林口長庚附近) 電話：(03)328-8833 傳真：(03)328-6557 網址：http://www.ncc.com.tw		旬鈴文左寡天紫 空星昌輔宿相微 科 喜攀天 22-31 冠丙 神鞍德 福德 帶戌 10 22 34 46 58 70
封恩陰天解孤紅天天陀廉 誥光煞巫神辰鸞空馬羅貞 官劫晦 62-71 病戊 伏煞氣 遷移 寅 6 18 30 42 54 66	天破 傷碎 伏華歲 52-61 衰己 兵蓋建 僕役 丑 7 19 31 43 55 67	天七 魁殺 大息病 42-51 帝戊 耗神符 官祿 旺子 8 20 32 44 56 68	地地八天天 空劫座月梁 權 病歲吊 32-41 臨丁 伏驛客 田宅 官亥 9 21 33 45 57 69

電話：
地址：
編號： 0000000115

九、紫微斗數快速判識技巧

雖無中天星系組成格局，但有魁鉞拱命之格局。故為：數中格。

步驟二：區分星曜

命宮三方四正吉煞星分布：

a. 六吉星：天魁、天鉞、文曲

b. 六煞星：擎羊、陀羅

c. 祿星：無

d. 忌星：無

經檢視三方四正星曜，吉星與煞星參雜，唯吉星數仍大於煞星數，故為：星中格。

斷語：星中格+數中格，依九品觀星法，此命為中三品，中等享福之人也。

案例2

步驟一：區分格局

命宮三方四正，逢中天星系太陽、太陰拱照，為日月並明之局。經檢視三方四正星群組合，逢日月拱照，形成大格局。故為：數上格。

步驟二：區分星曜

命宮三方四正吉煞星分布：

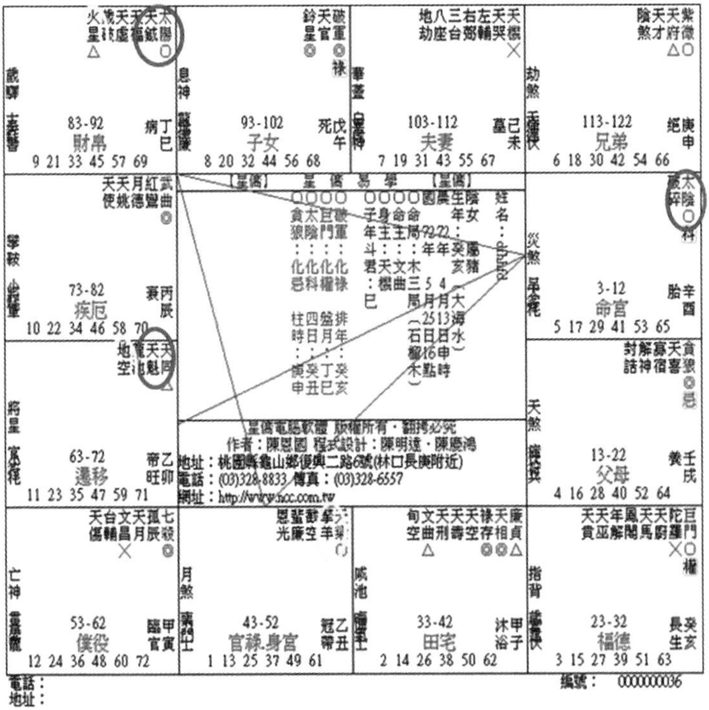

巳	午	未	申
太陽 天鉞 天福 天虛 火星 83-92 財帛 病 丁巳 9 21 33 45 57 69	破軍（祿） 天官 鈴星 93-102 子女 死 戊午 8 20 32 44 56 68	天機 天哭 左輔 右弼 三台 八座 地劫 103-112 夫妻 墓 己未 7 19 31 43 55 67	紫微 天府 天才 陰煞 113-122 兄弟 絕 庚申 6 18 30 42 54 66
辰 武曲 紅鸞 月德 天姚 天使 73-82 疾厄 衰 丙辰 10 22 34 46 58 70	【星僑】 星僑易學 【星僑】 姓名：chhc 陰女 生年：72 癸亥 豬 農曆：72 年 4 月 5 日 申時 命局：木三局（大海水） 命主：文曲 身主：天機 子年斗君：巳 化祿：破軍 化權：巨門 化科：太陰 化忌：貪狼 排年：癸亥 盤月：丁巳 四日：癸丑 柱時：庚申		**酉** 太陰（科） 破碎 3-12 命宮 胎 辛酉 5 17 29 41 53 65
卯 天同 天魁 地空 63-72 遷移 帝旺 乙卯 11 23 35 47 59 71	星僑電腦軟體 版權所有・翻拷必究 作者：陳恩國 程式設計：陳明達・陳應鴻 地址：桃園縣龜山鄉復興二路6號(林口長庚附近) 電話：(03)328-8833 傳真：(03)328-6557 網址：http://www.ncc.com.tw		**戌** 貪狼（忌） 天喜 寡宿 解神 封誥 13-22 父母 養 壬戌 4 16 28 40 52 64
寅 七殺 孤辰 天月 文昌 台輔 天傷 53-62 僕役 臨官 甲寅 12 24 36 48 60 72	**丑** 擎羊 蜚廉 恩光 43-52 官祿.身宮 冠帶 乙丑 1 13 25 37 49 61	**子** 廉貞 天相 祿存 天空 天壽 天刑 文曲 旬空 33-42 田宅 沐浴 甲子 2 14 26 38 50 62	**亥** 巨門（權） 陀羅 天廚 天馬 鳳閣 年解 天巫 天貴 23-32 福德 長生 癸亥 3 15 27 39 51 63

電話：
地址：
編號： 000000036

a. 六吉星：天魁、天鉞

b. 六煞星：擎羊、火星、地空

c. 祿星：無

d. 忌星：無

經檢視三方四正星曜，吉星與煞星參雜，煞星數量多於吉星，而火星擎羊，構成火羊格，可扣除不計，所以吉星數量大於煞星，故為：星中格。

斷語：星中格＋數上格，依九品觀星法，此命為中三品之中上品，中上等享福之人也。

案例3

步驟一：區分格局

1. 命宮三方四正，雖逢中天星系紫微天府拱照，不見輔弼，孤君也。雖有七殺，成七殺朝斗格局，但逢空劫破局，故無大格局。

2. 三方四正不見吉星，故無六吉系格局。

經檢視三方四正星群組合，無任何格局出現。

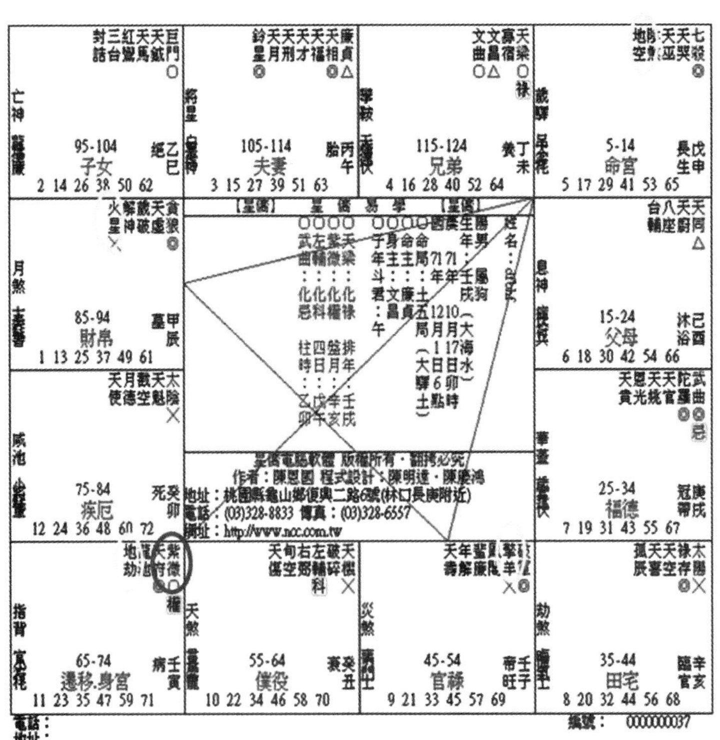

故為：數下格。

步驟二：區分星曜

命宮三方四正吉煞星分布：

a. 六吉星：無

b. 六煞星：地空、地劫、火星、擎羊

c. 祿星：無

d. 忌星：無

經檢視三方四正星曜，煞星大於吉星，而火星擎羊形成火羊局，可扣除不計，但煞星仍多於吉星，故仍為：星下格。

斷語：星下格＋數中格，依九品觀星法，此命為下三品之下中品，衣食無缺，溫飽無虞之人。

第十章

生命曲線判識

第十章 生命曲線判識

人生，就像是海面上的波浪一般，有起也有落，絕大部分的眾生都在這生命的大海裡，載浮載沉，起起落落。正與道家最重要的思想，禍福相倚的概念不謀而合。如能在適當的時機做正確的事，自然事半功倍，無往不利。

中國人常說：天時、地利、人和，三者缺一不可，地利與人和，可以靠自己努力，而天時，往往是最難掌握的一環，如同赤壁之戰，孫劉聯軍縱使佔盡地利與人和，如果缺少了那陣關鍵的東風，也難形成後來的三國鼎立。因此，能掌握天時的人，其成功的機率，自然高的多。這也就是命理術數會如此逢勃發展的原因。

在斗數的理論中，後天行運看大限，每個大限以10年為度，由大限宮位星宿組合來研判吉凶，爾後再以數個大限的吉凶情形研判整體起伏。基本上而言，行限最好的狀況就是起伏不大，最壞的狀況就是前一個大限極佳，而下一個大限極差，蓋人絕對無法承受兩個完全不同的10年。也因此大限行進的判識，實為斗數的精華所在。

俗諺有云：乞丐也有三天的好運，在斗數裡也是如此，此大限縱使凶惡非常但畢竟是十年的總和，總會有那麼一段時間是好運的。如能掌握此天時之玄機，得以知所進退，自然可以避免許多波折起伏，這也就是命理術數之說最重要的觀念與作用。

由於大限行進的判識頗為複雜，因此山人為使學者能在最短的時間學習如何掌握命運，因此研發了「生命曲線」理論，曲線的判識及繪製方法雖然簡單，卻包含了許多斗數的精要，由於山人是注重推理與理解，所以此部分不多做敘述，只希望學者能再運用之餘，得以思考其背後的意義，才是研究學問的方法。

生命曲線其實就是推算大限與流年、月、日行進的方法，而推算行進之時，最重要的是要注意四化星的變化，而本命盤有四化、大限盤有四化，甚至流月、流日、流時都有四化產生，如單就此五個盤來計算，5×4＝20，等於多出20顆化星，搞的滿天星斗，難以判讀。加上四化部份的派別立述眾多，各有其特色與所長，初學者往往十分容易混淆。以山人的觀點，其實只要注意化祿與化忌的轉變情形即可，至於相互之間牽引的軌跡，亦一併簡化，再判斷大限時，只要注意本命盤與大限四化之間的牽引，再判斷流年時，只要注意大限與流年間的變化，流月四化則看流年，流日四化看流月，舉例來說，本命盤如武曲化祿，在大限行進時，武曲化忌，便表示原本武曲化祿的優點在此大限反轉成化忌周轉不靈的缺點，依此類推，便可明確掌握四化變動的軌跡。

生命曲線的製作方法與判識十分簡單，只要注意一些判識原則，便可輕易繪出，可利用此法繪製大限的起伏，更可以繪製出流年、流月甚至是流日的生命曲線，相互對照，自然可掌握天時之機，得以知所進退，無往不利。如以大限、流年曲線對照來看，大限雖不佳，但可找出流年運勢強的時候全力衝刺，如大限情況良好，更可提前預知流年運勢較弱之時，稍做歇息，待強運時再戰江湖，如此縱使在兇惡的大限來臨時，也能找到最佳的時機來衝刺前進。這不也是命理之說最迷人的地方嗎?所以若說此節是本書的最重點菁華所在，實不為過。茲就判識原則及繪製步驟分敘如下：

（二）判識原則

1. 如三方四正吉凶互見時，給分標準如下：

   a. 煞星大於吉星，以煞星數量為準；相等時亦然。

   b. 吉星大於煞星，縱本宮性質再佳，仍以-1表示。

2. 如三方四正無吉無煞，則以本宮星曜組合性質給予代表分數；星曜組合佳為+1，星曜組合不佳為-1。

3. 如本宮見煞星，須一併計入三方的煞星總數量給予代表分數。

4. 各大限行進的四化以宮干四化為主，按上章所述四化互轉的原則進行判讀。

5. 如三方四正逢兩煞，需注意是否成「火羊、鈴貪、火貪」格，如形成則需注意是否逢巨門、廉貞或其他煞曜（如：陀羅、鈴星等），如逢之則仍為-2，如不逢則為+3。

（二）繪製步驟

1. 先看該宮位三方四正的吉星或煞星數量，並依數量與性質給予代表分數（如附表6-1生命曲線評分表及6-2各星曜吉凶表）

2. 將代表分數填入該宮位，依大限順序逐宮給分。（如命主為土五局，陰男；則其命宮第一大限為5~14，第二大限在兄弟宮15~24，第三大限在夫妻宮25~34，依此類推）

3. 依各宮的分數描繪於曲線表裡，即完成大限生命曲線。

4. 繪制流年、流月、流日亦以相同手法繪製即可。

區分	星曜分布情形	代表分數
三方四正	六吉齊聚或見四吉以上加化祿	4
	見三吉星以上	3
	見兩吉星或化祿單見	2
本宮	正曜組合佳但不見六吉星	1
	正曜組合計算值為0	0
	本宮正曜組合不佳但不見六煞星	–1
三方四正	見兩煞以內	–2
	見三煞以上	–3
	六煞齊聚	–4

表 6-1 生命曲線評分表

正曜性質佳 (+1)	紫微、天府、太陽、太陰、天相、天同、天梁、天機
正曜性質不佳 (−1)	武曲、廉貞、七殺、貪狼、破軍、巨門
六吉星 (+1)	文昌、文曲、左輔、右弼、天魁、天 、（化祿）
六煞星 (−2)	擎羊、陀羅、火星、鈴星、地空、地劫、（化忌）

表 6-2 各星曜吉凶表

例：某甲命盤如下：

<table>
<tr><td>天梁╳
陀羅
火星
-1
【財帛】</td><td>七殺○
祿存
鈴星
-1
【子女】</td><td>擎羊
左輔
右弼 -1
地劫
【夫妻】</td><td>廉貞◎
+3
【兄弟】</td></tr>
<tr><td>乙巳 45~54</td><td>丙午 35~44</td><td>丁未 25~34</td><td>戊申 15~24</td></tr>
<tr><td>天相△
紫微△
-1
【疾厄】</td><td colspan="2" rowspan="4">陰　男
土五局</td><td>天鉞
-3
【命宮】</td></tr>
<tr><td>甲辰 55~64</td><td>己酉 5~14</td></tr>
<tr><td>天機○科
巨門◎忌
地空
-3
【遷移】</td><td>破軍○
-1
【父母】</td></tr>
<tr><td>癸卯 65~74</td><td>庚戌 115~124</td></tr>
<tr><td>貪狼△
文昌
-1
【僕役】</td><td>太陰◎祿
太陽※
-3
【官祿】</td><td>天府◎
武曲○
文曲
-1
【田宅】</td><td>天同◎權
天魁
-3
【福德】</td></tr>
<tr><td>壬寅 75~84</td><td>癸丑 85~94</td><td>壬子 95~104</td><td>辛亥 105~114</td></tr>
</table>

1. 命宮（第一大限）

經檢視三方四正及本宮，煞星×4（陀羅、化忌、火星、地空）；吉星×2（天鉞、化祿）；煞星大於吉星；又煞星數量4顆，查表6-1，故以-3表示。

2. 兄弟宮（第二大限）

宮干為戊，貪狼化祿、天機化忌

吉星×3（化祿、文昌、文曲）；三方四正不見煞但有吉星，查表6-1，故以正3表示。

3. 夫妻宮（第三大限）

宮干為丁，太陰化祿、巨門化忌

三方四正吉兇互見，雖吉星大於煞星，依判識原則第一點，仍以負1表示。

4. 子女宮（第四大限）

宮干為丙，天同化祿、廉貞化忌

三方四正吉兇互見，雖吉星大於煞星，依判識原則第一點，仍以負1表示。

5. 財帛宮（第五大限）

宮干為乙，天機化祿、太陰化忌

三方四正吉兇互見，雖吉星大於煞星，依判識原則第一點，仍以負1表示。

6. 疾厄宮（第六大限）

宮干為甲，廉貞化祿、太陽化忌

三方四正吉兇互見，雖吉星大於煞星，依判識原則第一點，仍以負1表示。

7. 遷移宮（第七大限）

宮干為癸，破軍化祿、貪狼化忌

三方四正吉兇互見，吉星＝煞星，依判識原則第一點，以煞星數量為準，計有3顆（地空、地劫、擎羊），查表6-1，表示分數為負3。

8. 僕役宮（第八大限）

宮干為壬，天梁化祿、武曲化忌

三方四正吉兇互見，雖吉星大於煞星，依判識原則第一點，仍以負1表示。

9. 官祿宮（第九大限）

宮干為癸，破軍化祿、貪狼化忌

三方四正吉兇互見，且煞星大於吉星，依判識原則第一點，以煞星數量為準，計有4顆（地劫、擎羊、陀羅、火星），查表6-1以負3表示。

10. 田宅宮（第十大限）

宮干為壬，天梁化祿、武曲化忌

三方四正吉兇互見，吉星＝煞星，依判識原則第一點，以煞星數量為準，計有1顆（鈴星），查表6-1，表示分數為負1。

11. 福德宮（第十一大限）

宮干為辛，巨門化祿、文昌化忌

三方四正吉兇互見，且煞星大於吉星，依判識原則第一點，以煞星數量為準，計有5顆（地劫、地空、擎羊、陀羅、火星），查表6-1以負3表示。

12. 父母宮（第十二大限）

宮干為庚，太陽化祿、太陰化忌

三方四正吉兇互見，雖吉星大於煞星，依判識原則第一點，仍以負1表示。

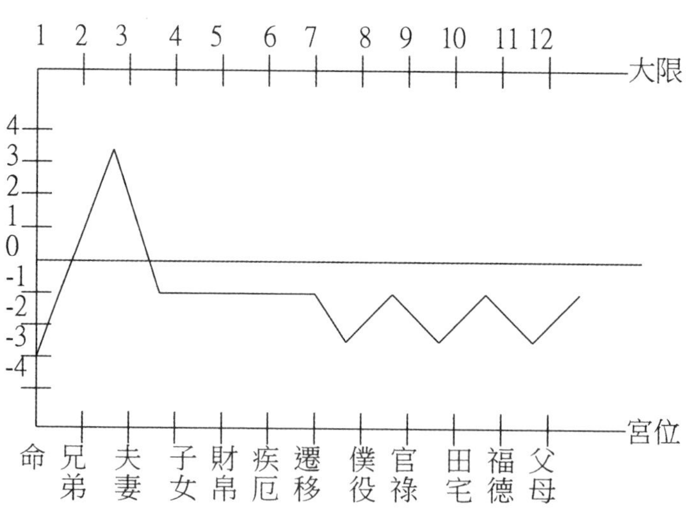

從此曲線除可看出命主在整體運勢的走向之外，更可以一併檢視各宮的吉凶狀況，茲就各宮的優劣及曲線的意義簡述如下：

1. 曲線意義判識：

如由此曲線判斷，命主在人生的精壯時期（25～54）整體看來無太大的波折起伏，雖行運頗為艱辛（其代表數值為負1），但因無大起大落的情形，故仍尚算平順。

又看此曲線起伏在第2及第3大限差異甚大，經觀察原命盤檢視其間差異，研判命主學歷應該不差，蓋第二大限正值求學時期，且有昌曲文星拱照。但自走入社會邁入第三大限之後，整體並不是很平順，對照其實際經歷，此命主出生於民國16年，學歷為某知名國立大學畢業，在那個錄取率只有不到1％的年代，能考取國立大學是很不容易的事，除了該大限文星拱照的加持之外，自己也有相當的努力，但畢業後第一個工作卻僅是小學的代課老師，正好呼應了第二大限與第三大限這個起伏的過程。

較大的起伏應該是在第六大限開始至第十二大限，雖說此時已垂垂老矣，造成的影響不大。但命主卻於第七大限時競逐總統大位，本命宮天生欠佳，加上行運如此不順的情形下，如何能夠與對手來比較呢？

落敗並非意外的事，爾後命主便退隱政壇，含飴弄孫，安渡天年。如以接下來曲線的走勢研判，回歸田園確實也不是件壞事，否則以接下來大起大落的走勢來看也是難逃「老歹命」的命運。

2. 各宮優劣判識

命主的第一大限本命宮代表分數為負3，表示其若非出身不佳幼年坎坷，便是有過繼之兆，且本命宮三煞齊臨，人生的路途本來就會走的比較辛苦，波折起伏也較一般人大。就其曲線及實際經歷交叉對照研判，確實也是如此。

爾後觀察其六親宮位（夫妻、父母、子女）代表分數均為負1，所以其與六親緣淺也是事實，尤其命主為某知名政要，觀察其官祿宮，代表分數為負3，亦即在公職生涯中會走的比較辛苦，對照其實際狀況確實也是如此。時也、運也、命也怎能讓人不長嘆呢？

第十一章

實例解析

第十一章 實例解析

11-1 前言

終於進展到實例解析了，相信各位同學研讀完前面的章節，對於斗數論命及星性掌握，應該有了更深切的認識，但這樣仍然不足，因斗數論命需要的是豐富的實戰經驗及對於人生起伏及無常的體會，所以本書特增加實例解析，針對整體星盤分析及常見問題做一詳細分析解說，期待同學能得到更多的經驗值。

為利於學習，在進入實例分析前，山人將研究斗數二十餘年之經驗濃縮成論命精要口訣，若說此口訣是本書最重要的一部分並不為過。因此山人衷心的希望同學能熟背牢記且輔以實例分析細細咀嚼箇中奧妙，相信必定能有所收穫。

了然山人之－斗數論命精要

斗數之說，源於天體運行之理，以星宿為表，各賦其意，令其排列分佈，以推人命。

斗數推命，首看命宮，先明格局，後看煞忌。倘不成局，又逢煞臨，販夫走卒爾，難成大器。命雖成局，加會煞忌，成中有敗，不可一而定論。命坐吉星，三方扶持，煞忌不見，縱不成局，亦為佳構，斷事易成，運勢亨通。命坐兇星，三方煞忌互見，定然多敗，行運多舛。

次看財宮，財星得位，三方祿會，定然財多，財宮坐凶煞，三方見空劫，財難聚首，到手成空。餘十一宮均依此推，可窺堂奧。

再者需掌握星性，觀吉煞星分佈，宮限不見煞，又有吉星照，定為強宮位。細查祿忌牽引，限遇佳構逢祿引動，定有喜事臨。惡局逢忌牽，此限多災厄，謀事必難成。

本命盤定終生，大限不過十年之勢，流年僅主當年之運。三才併用，可斷起伏，輔以四化，能察吉凶。

故斗數精要，不過在掌星性，辨吉凶，明格局，以三才為用，四化尋跡，觀查消長，學者執此而推，無有不驗。

11-2 本命盤十二宮實例解析

吳先生，農曆58年7月29日申時建生，其命盤如下：

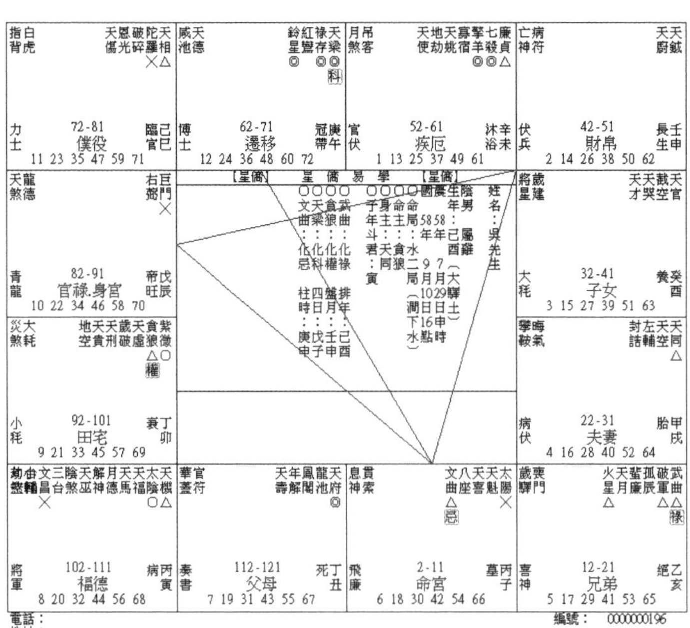

*命宮：

1-1 本宮星曜

太陽、文曲(忌)、天魁

1-2 三方星曜

右弼、巨門、天鉞、天梁、祿存、鈴星

1-3 分析

＊命宮：

太陽主外向開朗博愛；文曲主口才或才藝，但文曲化忌表示易因言語惹禍，三方加會巨門是非星，且太陽落陷，照度不足，造成雙暗局面，更助長文曲化忌威力，是故其人必多口舌是非之擾，且多因己身失言造成。三方見魁鉞來拱，古曰：天魁天鉞，蓋世文章，故此局多為公門格。亦可表機遇及貴人多，魁鉞入命拱照，亦主人具名士風度，個性謙和氣宇不凡，；對宮天梁，化氣為蔭，是故其人喜歡照顧他人，扶助弱小，加上魁鉞，此人之貴人多為長輩，但可惜右弼單入，是故其人為孤君，只能獨立奮戰。三方煞星只見鈴星，僅表示其人略有脾氣，但雙暗會命宮，鈴星屬放射型星曜，可略補巨門太陽之暗，因此鈴星屬激發性質，是故煞星並非不佳。又命遷線見天喜、紅鑾來拱，其人異性緣必佳，整體而言見煞少，又逢魁鉞來拱，是故可以貴格論之。

＊身宮：

身居官祿，是故此人事業心重，追逐功名利祿為人生職志。命身皆不逢空，故可論斷為命強身強之造，加上魁鉞來拱，此人多機遇且頗具前瞻性。以貴格論之無誤。

＊兄弟宮：

武曲正坐，此曜不宜落六親，因帶孤剋絕決之特性。

故命主與兄弟間緣分淺薄，對宮陀羅來衝，表兄弟不睦多內心痛苦，武曲化祿坐兄弟宮，祿居奴僕本不佳，因對兄弟太講義氣，會祿則有重義不惜財的情事，再會空劫雙煞，財逢土匪坐兄弟宮，借錢定是有去無回，且極易遭兄弟給拖累破大財，充分反映了本命宮太陽天梁的個性且孤辰寡宿同入兄弟宮，加上煞星匯聚，故命主極有可能並無兄弟，如有命主須特別提防遭朋友拖累之情事。

＊夫妻宮：

天同正坐，天同為福星，是故配偶帶有孩子氣，聰明帶點懶散，逢太陰紅鸞會照，故氣質端莊，但同時會照天機，是故妻較易鑽牛角尖，疑神疑鬼。祿存會照，命主對夫妻關係頗為重視，夫妻間感情和睦。逢輔弼來拱，是故能得妻助力，且天同坐妻宮，多為賢內助，是位宜內宜外的好伴侶。但逢天空同度，是故以晚婚為宜。

＊子女宮：

無主星，借對宮紫微貪狼化權來論，紫微陽剛性重，是故應為男生，因坐紫微星，故小孩個性剛強，有主見，且天才正坐故聰明伶俐，但會地空、截空雙空，所以多為聰明但不認真的小孩，迷糊又有點散仙。

煞星陀羅會照，又會雙空；因此如非與子女緣淺晚得子女，便是與子女聚少離多，但因本宮星宿組合不與煞忌同度，尚算穩定，是故親子間感情尚佳。

＊財帛宮：

無主星，借對宮太陰天機來論，太陰主富，最宜坐財宮，惜為落陷宮位，借星本較正坐威力較弱，雖會照太陽，惜亦為落陷，日月均無力扶持財宮，又與天馬同度，又本命文曲化忌會照入財宮，是故得財必須辛苦奔波，宜外地發展較有利基，且會陰煞，多小人覬覦，比照兄僕一線，反證命主亦遭有拖累財務的狀況，故此處陰煞之意應為兄弟朋友。

＊疾厄宮：

主星曜為廉貞、七殺、擎羊再會空劫，基本上命主須特別注意呼吸系統及皮膚或腫瘤（癌症）類疾病，又廉貞七殺同位為著名的路上埋屍格，又會擎羊大煞，但命強身強，對宮會天壽，因此雖不至於路上埋屍，但成長過程中意外傷害難免（如：車禍、傷殘、血光之災等），雖不至於影響壽元，但傷害仍不小。又見野桃花天姚，是故意須特別注意性功能障礙或風流病的發生，戒之在色。

＊遷移宮：

坐天梁化科，天梁化氣為蔭，因此在外多機遇及長輩提攜，又會祿存，可得長上之財，此點由財宮會照天巫可反證，因天巫主升遷及受贈之財，且祿存做遷移，以向外求財為宜。又逢鑾喜對拱，因此人緣、社交能力均佳，異性緣亦佳。

＊僕役宮：

天相陀羅正坐，會照對宮武破及火星，是故朋友多脾氣暴躁且陰險，但因與天相同度，化氣為善，優化暸本宮的煞忌之氣，是故僅為朋友無相助之力且多是非困擾，但因化祿亦照入，故對朋友亦為重義不惜財者，交友須特別謹慎。

＊官祿宮：

巨門正坐，職場上多是非之擾，且本宮文曲化忌會照，因口生災之情事難免，但見輔弼、魁鉞四吉星來拱，因此在工作上能得到同事幫忙及長官照顧，故是非影響程度降低，且只要能夠避免口舌生是非，謹言慎行，在不會煞星的情況下，仍能期待成就。又太陽雖落陷無力扶持巨門暗曜，但仍宜從事以口為業之職，如：教師、業務員、律師、仲介、服務業等。

＊田宅宮：

田宅亦可為財庫的表徵，財庫最怕的就是空劫雙煞，謂之守不住財，田宅宮地空正坐會地劫，因此財庫有損，難有積蓄或不動產，對照兄僕一線的狀況，便得知其最大之破耗處。而本宮紫微、貪狼化權正坐，此二星為主導及慾望，是故命主對於家宅的欲求非常高，居住講究豪華氣派。武曲化祿會照，是故命主喜投資不動產，而非自住。但逢空劫同襲，故以投資虧損居多，加上對朋友重義輕利，所以縱有財也難守。尤其武曲化祿雖是好事，但如逢大限流年武曲轉化忌時，自然會有週轉問題產生，空劫雙煞助威，因此田產須特別注意先有後無，切莫過度操作財務槓桿，亦不宜投機，因庫位不穩，縱橫發也必橫破，甚至一敗塗地，建議命主以守成不貪求為宜。

＊福德宮：

天機太陰正坐，天機太陰為想多做少，鑽牛角尖且多自尋煩惱之星曜組合，又天機主精神操煩，因此坐福德宮表此人心靈上多有空虛落寞感，亦可為急躁之意，而本宮坐天馬，因此一生落於勞碌奔波免不了，而本宮坐解神，會照天同福星，是故作事情多虎頭蛇尾，因此勞碌奔波多導因於此不可不慎。

且福德宮僅見左輔單入，證明了缺少助力而孤軍奮戰的問題。

＊父母宮：

天府正坐，天府為庫，因此父母對命主定當照護有佳，且逢昌曲夾宮，故父母親職業應頗為高尚（如教師、律師等）。但對宮逢七殺孤剋特性及擎羊燥烈相映射入，為當頭棒喝之意，因此與父母無論是在個性、觀念及思考模式不盡相同，亦常發生爭執與不合。

綜合評斷：

命主個性開朗樂觀，有正義感具同情心，能照顧弱小，有原則，口才好但經常因此惹禍、氣度佳，異性緣不錯，能得到長輩提攜或出門在外多機遇，但因過度重視朋友關係，因此造成自己的破財或勞累，且朋友對自己無助力，同事之間的合作關係也僅限於職場，在助力不足的情況下，往往是孤軍奮戰，也增加了一生的辛苦勞碌。

父母職業應該頗為高尚，且應為獨子，能得到父母的全心呵護，但與父母常發生意見不合的狀況。求財辛苦奔波勞碌，且庫位亦不穩，橫發便橫破，偏偏喜歡投資，因此破財主要在投資及朋友兩方面，家庭部分尚算美滿，但極可能膝下無子或與子女聚少離多，值得慶幸的是關係仍不差。

11-3 大限解析實例

同上例，以民國99年庚寅年，命主年紀為42歲，大限落在申宮(42~53)，茲以大限盤命宮分析如下：

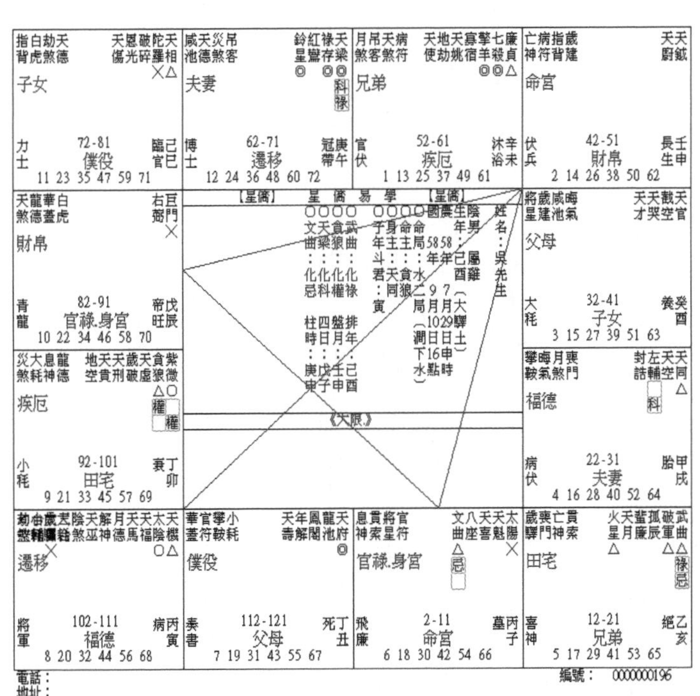

大限分析說明

大限命宮無正曜，借對宮太陰天機來論，此為自尋煩惱的組合，且天馬正坐加會解神，是故此10年大限仍難避免奔波勞碌，甚至更為辛苦，且多空虛與落寞感。但值得慶幸的是辛苦奔波後能有升遷或得到獎賞（天巫）的機會，不會勞而無獲。且三合不會煞，整體而言應尚稱穩定。

依三才理論推導，大限四化與本命盤四化相牽引，在此大限中本命文曲忌入大限命宮，會照巨門，故10年間仍是因口惹禍，大小是非不斷，又流年命宮重疊本命財帛宮，文曲化忌帶有保人遭倒之意味，加上大限僕役宮星宿組合極為險惡，加上大限田宅宮逢空劫來襲，因此切莫過度重義輕利，否則多年累積心血極有可能一朝化為烏有，遠離損友為上策。

而大限命宮逢魁鉞來拱，是故此段時間貴人及機遇仍多。大限疾厄宮組合亦頗為險惡，加上大限福德逢空，需提防意外受傷或是急性疾病（如腸胃炎、盲腸炎等）。更需戒之在色，切忌搞七捻三，看來有因色致嚴重災禍的跡象。

11-4 流年解析

同上例，以民國99年庚寅年來看，流年地支為寅，故流年命宮落在寅宮，茲以寅宮為流年命宮排列出流年盤分析如下：

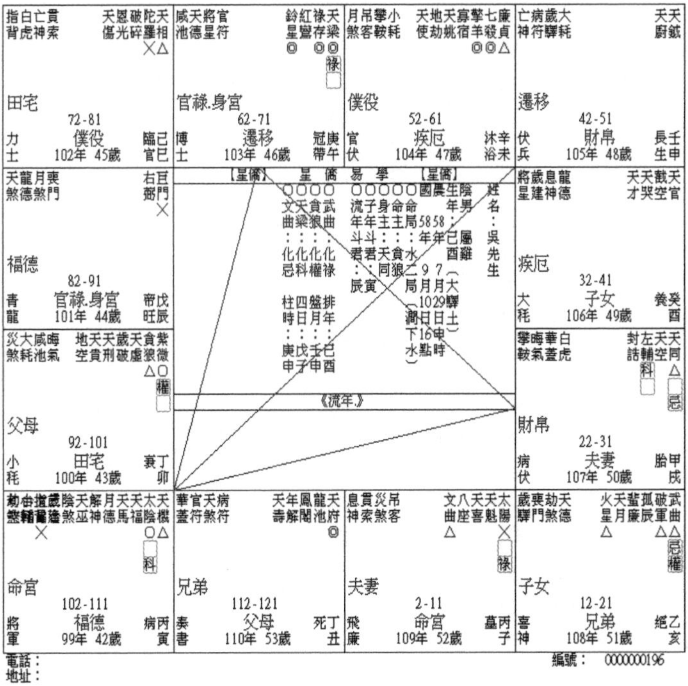

<table>
<tr>
<td>指白亡貫　天恩破陀天
背虎神索　傷光碎羅相
×△
田宅
72-81
力　僕役　臨己
士　102年 45歲　官巳</td>
<td>咸天將官　鈴紅祿天
池德星符　星鸞存梁
◎　◎◎
祿
官祿.身宮
62-71
博　遷移　冠庚
士　103年 46歲　帶午</td>
<td>月吊擎小　天地天寡擎七廉
煞客鞍耗　使劫姚宿羊殺貞
◎◎△
僕役
52-61
官　疾厄　沐辛
伏　104年 47歲　浴未</td>
<td>亡病歲大　天天
神符驛耗　廚鉞
遷移
42-51
伏　財帛　長壬
兵　105年 48歲　生申</td>
</tr>
<tr>
<td>天龍月喪　右巨
煞德煞門　弼門
×
福德
82-91
青　官祿.身宮　帝戊
龍　101年 44歲　旺辰</td>
<td colspan="2" rowspan="2">【星僑】　星　僑　易　學　【星僑】
〇〇〇〇　〇〇〇〇〇國農生陰　姓
文天貪武　流子身命命　年男　名
曲梁狼曲　年年主主局5858：　：
：：：：　斗斗：：：年年己屬　吳
化化化化　君君天貪水　酉雞　先
忌科權祿　：：同狼二97（　生
辰寅　局月月大
柱四盤排　（1029驛
時日月年　潤日日土
：：：：　下16申）
庚戊壬己　水點時
申子申酉　）
《流年.》</td>
<td>將歲息龍　天天截天
星建神德　才哭空官
疾厄
32-41
大　子女　養癸
耗　106年 49歲　酉</td>
</tr>
<tr>
<td>災大咸晦　地天天歲天貪紫
煞耗池氣　空貴刑破虛狼微
△〇
權
父母
92-101
小　田宅　衰丁
耗　100年 43歲　卯</td>
<td>攀晦華白　封左天天
鞍氣蓋虎　誥輔空同
科　△
忌
財帛
22-31
病　夫妻　胎甲
伏　107年 50歲　戌</td>
</tr>
<tr>
<td>劫由擋歲陰天解月天天太天
煞輔亂殘煞巫神德馬福陰機
×　〇△
科
命宮
102-111
將　福德　病丙
軍　99年 42歲　寅</td>
<td>華官天病　天年鳳龍天
蓋符煞符　壽解閣池府
◎
兄弟
112-121
奏　父母　死丁
書　110年 53歲　丑</td>
<td>息貫災吊　文八天天太
神索煞客　曲座喜魁陽
△　×
祿
夫妻
2-11
飛　命宮　墓丙
廉　109年 52歲　子</td>
<td>歲喪劫天　火天蜚孤破武
驛門煞德　星月廉辰軍曲
△　△△
忌
權
子女
12-21
喜　兄弟　絕乙
神　108年 51歲　亥</td>
</tr>
</table>

電話：
地址：
編號：　0000000196

流年分析說明

流年命宮逢天機太陰，在會天馬解神，因此今年會更加的辛苦勞累，奔波不定，且天同化忌入流年命宮，故常有精神空虛的感覺，且情緒方面亦有不穩定的跡象，天馬亦有調動或工作環境改變的味道，會照天巫，對照官祿宮逢三疊祿加會化科，非常漂亮。是故今年如在職場上必有升遷調動機會，如跳槽亦可望得到較好的工作機會，而流年田宅宮（財庫）由武曲化忌轉化權，因此周轉不靈的狀況略有好轉，但因陀羅正坐，而陀羅主慢，因此僅為表面好轉，實際上仍頗為艱困，又流年僕役宮非常兇險，今年需特別提防與朋友合夥或深交否則必然大破財。至於婚姻方面，如未婚則可望有好的對象或正緣出現，應為長輩介紹或相親認識，需好好把握。但如已婚的話可要好好把持自己，因夜路走多必會見鬼，尤其本命盤夫妻宮逢天同化忌正坐，極有可能發生姦情曝光的情形。又會見天馬解神這組離婚組合，已經很忙了，別再因感情問題讓自己的婚姻出現無法挽回的狀況，尤其此大限因桃花惹禍的問題仍然存在未爆發（依照流年走勢，姦情曝光至少是在2年後，但今年是種下遠因的1年）。趁早制止此桃花的發生，提前知悉預警，這也是命理迷人之處。

但可惜，以山人多年經驗，縱使給命主預警，但最後預測的事情與結果卻總是會發生，且屢見不鮮。不是因為命主不提防，而是業力因果牽引造成，該來的躲不掉。實非命理此般世間法所能透徹。

舉例來說，山人的某位朋友於30歲結婚，以其命盤分析後，山人苦勸其成婚至少要再33歲之後，因30歲結婚，必難過33～35歲間的關卡。但婚終究結了，33歲時因男方外遇而離婚坐收。造成一般對怨偶產生，早聽老夫言，也許現在還是恩愛的夫妻，怎不令人長嘆。但因果業障的力量就是這麼大，任憑誰都改變不了。這才是殘酷的事實，因此老夫依數十年論命經驗，看過無數悲歡離合，人生不過如此爾爾。在此奉勸大家：眾善奉行，諸惡莫作；多行善業，必得善果。

第十二章

常見四大類問題實例解析

第十二章 常見四大類問題實例解析

山人論命數十載，論盤無數，以經驗法則而論，一般人最常問的問題莫過於下列四類：

1. **姻緣**：結婚，離婚，姻緣，桃花。
2. **事業**：機遇，工作類型，跳槽時機，升遷異動。
3. **考運**：考運優劣。
4. **財運**：橫財，財運，富裕程度。

茲就此四類問題，以實例方式，分析如後。望學者據此多加揣摩推演，命理學好無他法，就是增加自己的實戰經驗。

12-1 因緣問題實例分析

例：劉先生 農曆34年10月9日丑時建生，本命盤如下：

分析：

姻緣看鑾喜，鑾喜對照入大限命宮，主該大限內必有因緣可成，但如僅單入，則仍不甚穩固，如流年行運不佳，則有離婚的可能。以此例而言，劉先生本命坐天姚野桃花，三方會廉貪，三大桃宿匯聚命宮，為標準的桃花格

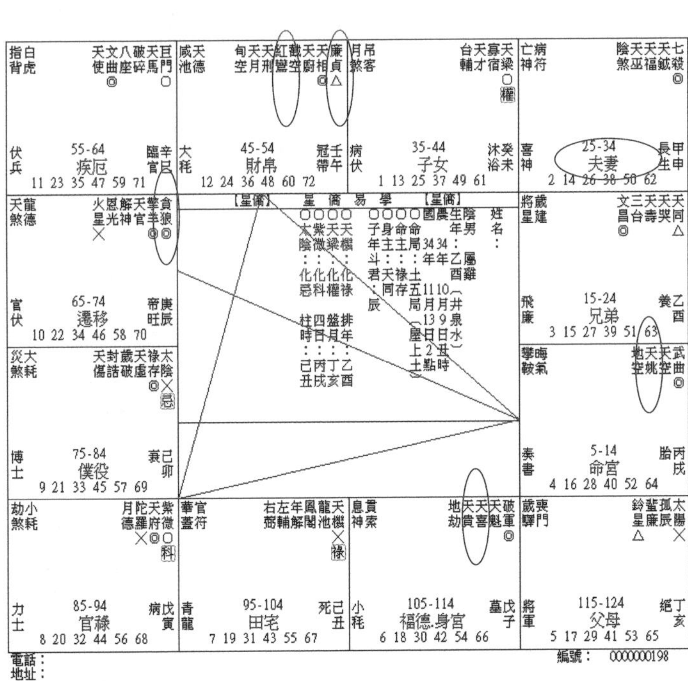

局，25－34大限見天喜單入，有因緣可成，至於確定時間，需看大限流年化祿或桃宿引動而定。但以劉先生本命夫妻宮來看，七殺正坐，對宮陀羅、擎羊會照，理應晚婚。是故單以命盤推算，正確的婚期應在45－54大限，反證25－34大限之因緣無力，如在此大限成婚，必定以離婚作收。

現再就其25－34大限命宮來分析：

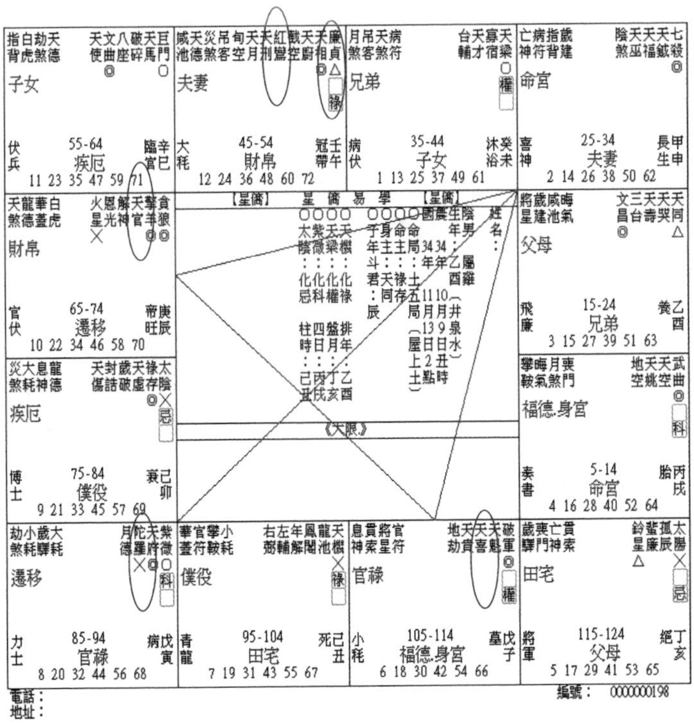

說明：

以此大限而言，大限命宮見天喜會照，大限夫妻宮逢鑾喜對照，又大限廉貞化祿入大限夫妻宮引動，故此大限必定成婚。但別忘了以基本盤而言命主宜晚婚，故命宮同時會照羊陀雙煞，加上天喜單入大限命宮過於力量過於單薄，再三反証此時縱有因緣可成，但也難過此大限。

至於命主結婚的年紀呢？已流年命盤逐年分析，推論是在26歲或是30歲之時，實際成婚在26歲，其流年命盤如下：

26歲流年命宮見天姚，對宮見咸池（均為野桃花或濫桃花）（或廉貞貪狼等桃花星宿都是觸發的時機點），而財福一線見鑾喜對拱，又化祿星同時引動福德宮正桃花及命宮野桃花整體格局，因此推論命主26歲時走桃花而成婚。

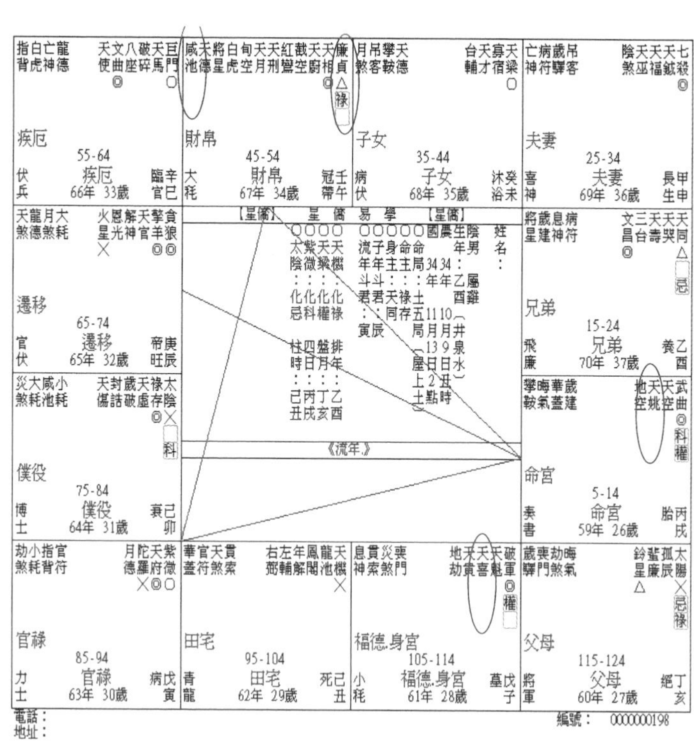

但因夫妻宮星宿組合不佳，故姻緣雖成難過31歲。而31歲如何推斷？就是逐年檢視夫妻宮情形。此例中，命主27、28、29歲夫妻宮均逢化忌（如下圖），表示夫妻感情十分不融洽，已頻臨破碎邊緣，但因沒有格局引動，是故仍維持同床異夢的生活。

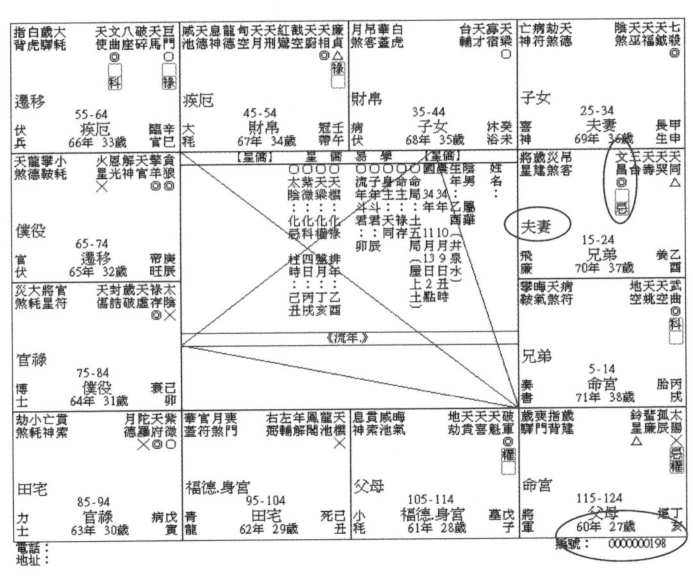

劉先生 27 歲大限 / 流年四化盤

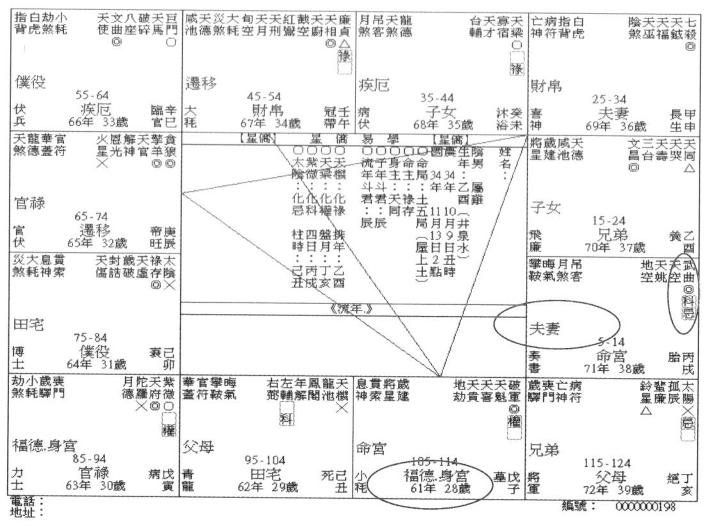

劉先生 28 歲大限 / 流年四化盤

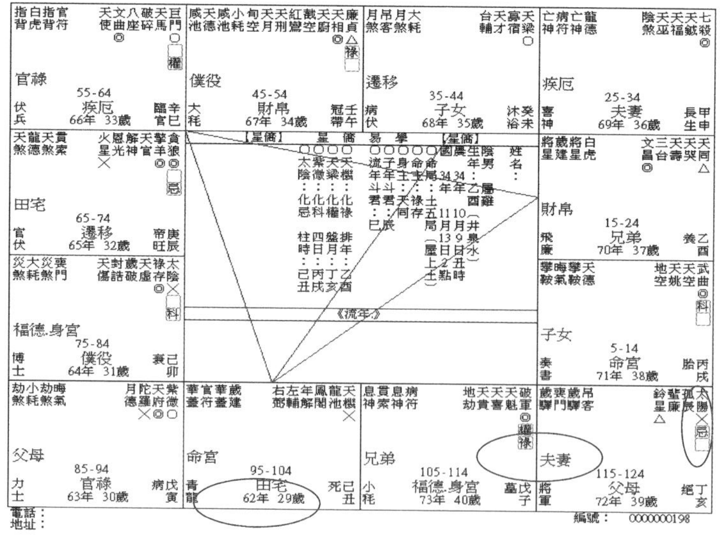

劉先生 29 歲大限 / 流年四化盤

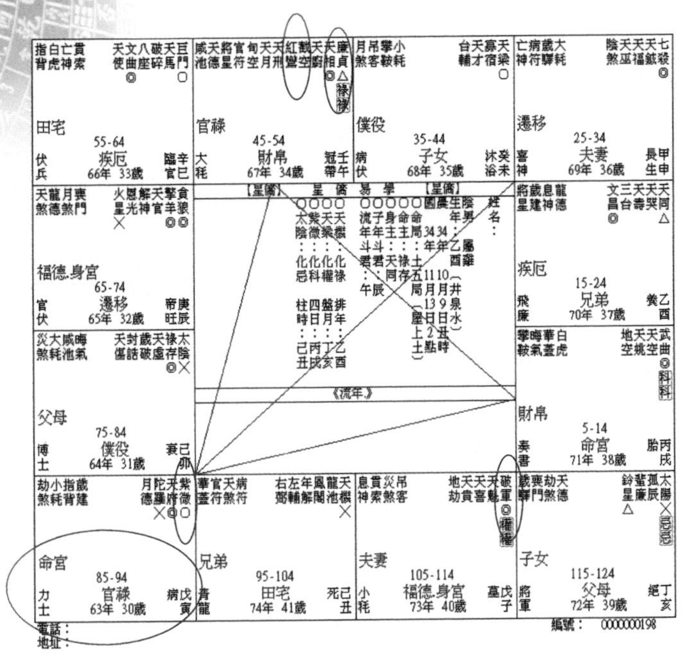

劉先生30歲大限／流年四化盤

30歲流年夫妻宮逢化祿觸動鑾喜格局，身為命理老師，理應建議於此時成姻緣而非於26歲，因此時本命紫微正曜穩定而非野桃花觸動，夫妻宮又鑾喜對照，故劉先生如要姻緣穩定理應在此時，但可惜成於26歲，是故此時的緣分對已婚的人來說就是外遇，但因本命宮星曜頗為穩定，是故沒有東窗事發，但在此時有外遇跡象（註：夫妻宮連3年化忌，關係已至冰點，此時又有對象出現，不爬牆也難）。

指白歲喪 天文八破天巨 背虎驛門 使曲座碎馬門 ◎ ○ 福德.身宮 55-64 伏 疾厄 臨辛 兵 66年 33歲 官巳	咸天息貫旬天天紅截天天廉 池德神索空月刑鸞空廚相貞 ◎△ 祿 田宅 45-54 大 財帛 冠壬 耗 67年 34歲 帶午	月吊華官 台天寡天 煞客蓋符 輔才宿梁 ○ 權 官祿 35-44 病 子女 沐癸 伏 68年 35歲 浴未	亡病劫小 陰天天天七 神符煞耗 煞巫福鉞殺 ◎ 僕役 25-34 喜 夫妻 長甲 神 69年 36歲 生申
天龍擎晦 火恩解天擎貪 煞德鞍氣 星光神官羊狼 × ◎◎ 父母 65-74 官 遷移 帝庚 伏 65年 32歲 旺辰	【星僑】 星 僑 易 學 【星僑】 ○○○○ ○○○○○國農生陰 姓 太紫天天 流子身命命 年男 名 陰微梁機 年年主主局34 34： ： ：：：： 斗斗：：：年年乙屬 化化化化 君君天祿土 酉雞 忌科權祿 ：：同存五11 10（ 未辰 局月月井 柱四盤排 （13 9 泉 時日月年 屋日日水 ：：：： 上2丑） 己丙丁乙 土點時 丑戌亥酉 ） 《流年》		將歲災大 文三天天天 星建煞耗 昌台壽哭同 ◎ △ 遷移 15-24 飛 兄弟 養乙 廉 70年 37歲 酉
災大將歲 天封歲天祿太 煞耗星建 傷誥破虛存陰 ◎× 忌 命宮 75-84 博 僕役 衰己 士 64年 31歲 卯			擎晦天龍 地天天武 鞍氣煞德 空姚空曲 ◎ 科 疾厄 5-14 奏 命宮 胎丙 書 71年 38歲 戌
劫小亡病 月陀天紫 煞耗神符 德羅府微 ×◎○ 科 兄弟 85-94 力 官祿 病戊 士 75年 42歲 寅	華官月吊 右左年鳳龍天 蓋符煞客 弼輔解閣池機 × 祿 夫妻 95-104 青 田宅 死己 龍 74年 41歲 丑	息貫咸天 地天天天破 神索池德 劫貴喜魁軍 ◎ 權 子女 105-114 小 福德.身宮 墓戊 耗 73年 40歲 子	歲喪指白 鈴蜚孤太 驛門背虎 星廉辰陽 △ × 忌 財帛 115-124 將 父母 絕丁 軍 72年 39歲 亥

電話：
地址：
編號： 0000000198

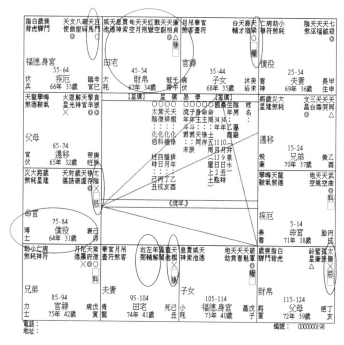

劉先生 31 歲大限 / 流年四化盤

31歲流年盤命宮大限流年均化忌，為化雙忌十分險惡之年，前提過天馬解神為離婚的組合，此流年夫妻宮亦見天馬與年解（意同解神），加上流年夫妻宮化祿引動，故在此時離婚坐收不意外，因夫妻宮星曜頗為穩定，對宮天梁化權射入，是故應是在長輩介入協調下，且本宮逢輔弼，故必在平和狀況下離婚，算是不幸中的大幸。但大限廉貞化祿落田宅重疊本命財帛宮，又見鑾喜對拱及咸池三方會照天姚，所有正野桃花匯聚，是故必定因此付出不少贍養費。

12-2 事業問題實例分析

例1：

周小姐，農曆74年1月27日戌時瑞生，問創業合適否？及適合方向？

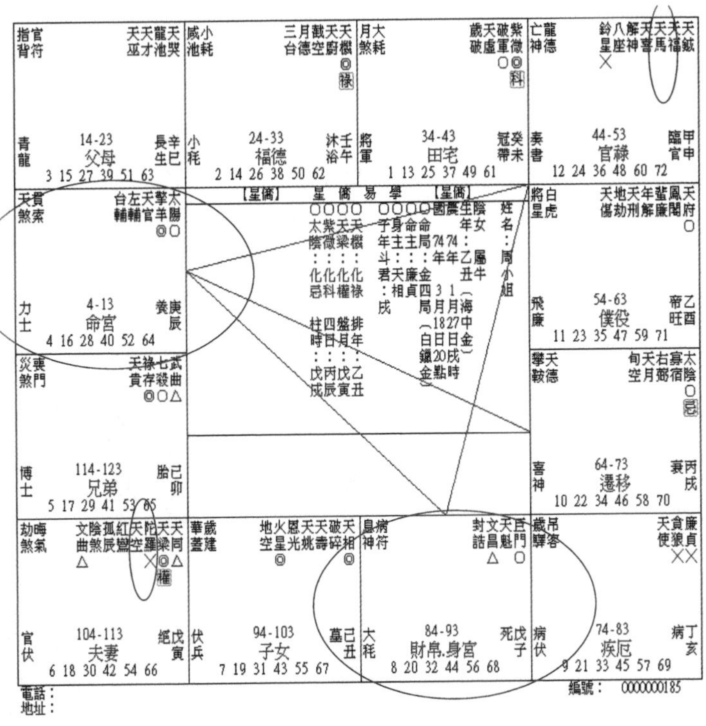

周小姐本命盤

創業與否看祿馬是否交馳，及本命宮是否逢祿，其中以祿馬交馳最為重要，本命盤如無祿馬交馳格局，不宜創業。以此例來說，天馬居申宮，三方四正會照陀羅，為標準的折足馬格局，且本命宮並不逢祿，是故必不宜創業。財宮會祿三方頗為穩定，宜上班族。至於適宜工作類型，本命宮坐太陽會輔弼，是故領導能力強，又命宮雖坐擎羊，但三方與鈴星會照，反形成鈴羊格，適宜以武職顯貴，此局為女強人命造。領導者局，適武職如軍、警、或專技人員，因具領導格局，亦可擔任主管職或帶領團隊，官祿宮見天梁及文昌，因此適宜從事公共服務、教育、法律事務或內勤文職發揮企劃執行力。

例2： 張小姐，農曆73年7月2日戌時瑞生，問創業合適否？及其適合方向？

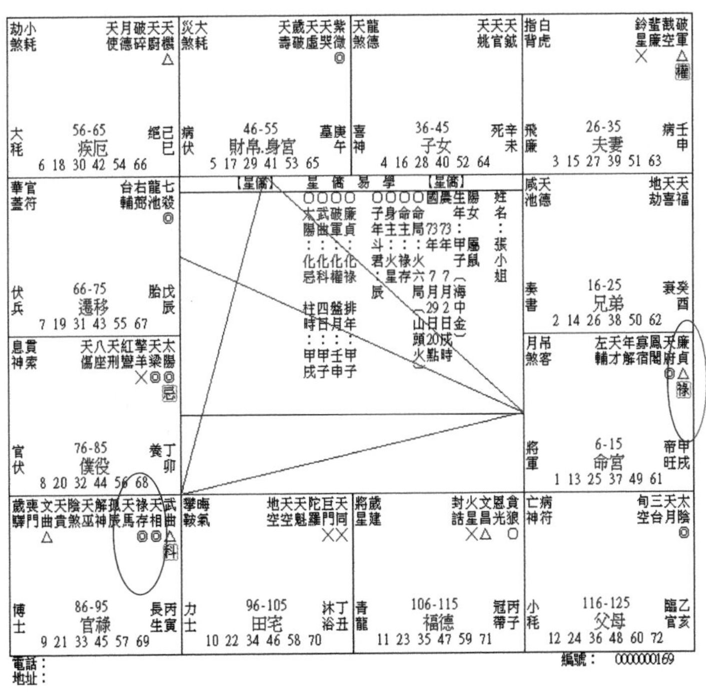

張小姐本命盤

此盤勢宜探討，創業首重祿馬交馳，以張小姐例，天馬祿存同度是否成立?答案是否定，首先祿存必遭羊陀夾制，且祿馬同度而非交馳，但三方四正中，天馬與本命宮化祿交馳，是故仍宜創業，且本命宮逢化祿，故亦適合創業，但廉貞化祿主流動之財，所以創業宜從事流動性高之行業必有利基，如百貨業、小攤販、貿易類等。廉貞善於交際應酬，公關、商業買賣、娛樂等均適合，以官祿宮看之，財星正坐，適宜從事銀行業或財務規劃操作等。

例3：

余小姐，農曆66年11月9日卯時瑞生，問創業何適否？適合方向？

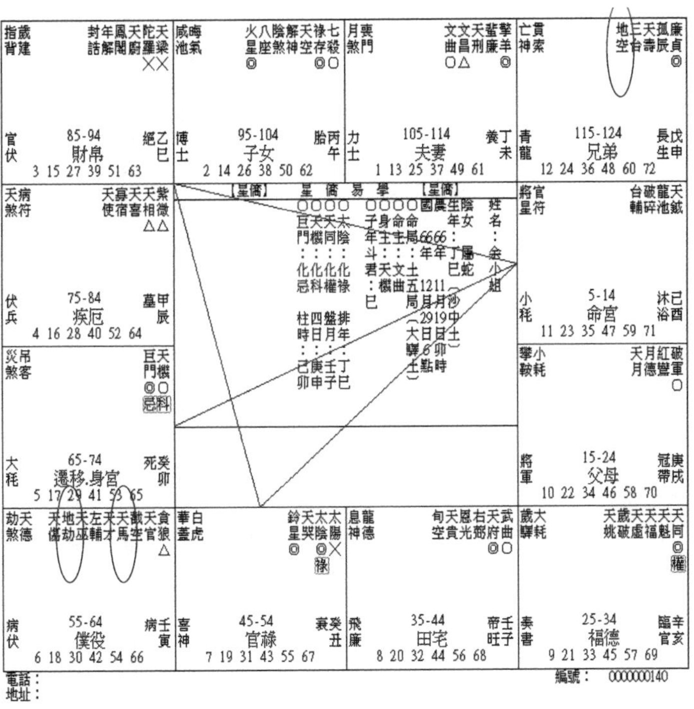

余小姐本命盤

盤中天馬居寅宮，逢空劫拱照，謂之死馬，四處奔波亦無所獲，賺到的只有勞碌與不順心，是故只宜上班族生活。以本命宮來看，命無正曜，本身就較弱勢，借對宮天機巨門論之，又巨門化忌，故一生是非不斷，且巨門雖會太陽，但落陷，但仍宜以口為業工作（如：教師、業務、講師等），而天機又具策劃規劃特質，是故亦可從事規劃類工作。又從官祿宮來看，坐日月會昌曲，但逢羊陀雙煞，表職場上多波折起伏，對照本命宮巨門在會化忌，即可得知。故只宜穩定中求發展，亦利於內業文職工作。

例4：

陳小姐，農曆68年11月24日辰時瑞生，97年9月遭資遣，問新工作著落

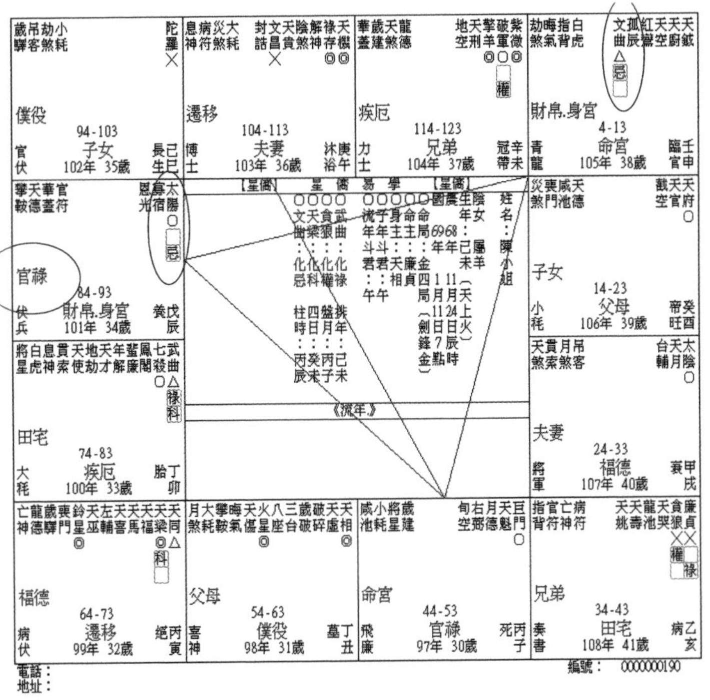

陳小姐 97 年本命 / 大限四化盤

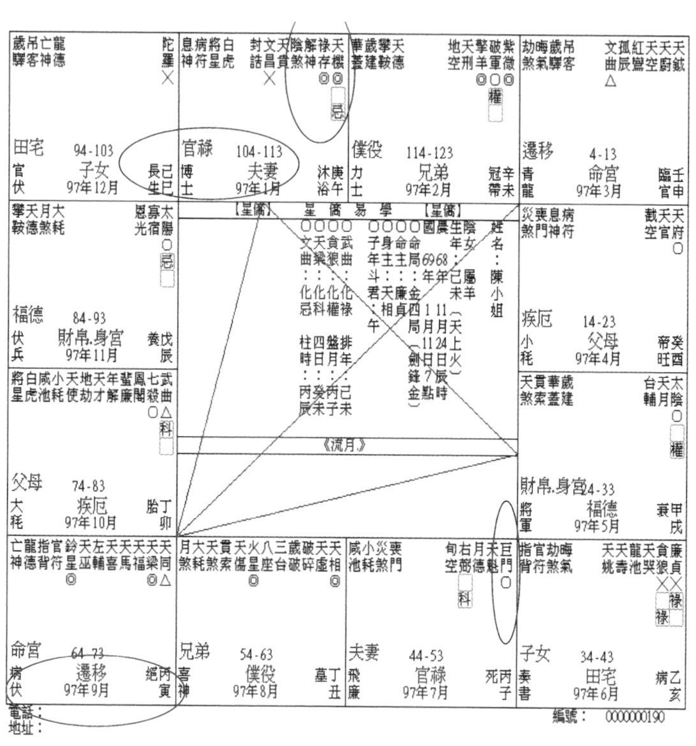

陳小姐 97 年 9 月流年 / 流月四化盤

找工作，當然以化權來看，如命宮及官祿宮本命盤、大限盤、流年盤均逢化權會照形成疊權，則謀職能成，以此例來說，97年流年官祿宮見太陽化忌正坐，三方在會本命文曲化忌，形成疊忌的凶惡局面，初判職場上多有不順心，而文曲化忌主文書或口舌失誤，太陽化忌又主名聲受損，故各位看官，讓我們在繼續看下去吧。

以此盤而論，97年9月流月命宮見天馬及天巫，本有異動或升遷的機會，此時如逢化權或化祿會照即有引動機會，但可惜逢天機化忌引動，且正坐官祿宮，因此此變動轉化為不良。以盤勢推估，應為自行離職而非資遣。因流月官祿宮天機化忌，表計畫或工作上發生失誤，而陰煞為小人之意，對宮是非星巨門正衝，推論為工作上發生失誤，因小人及口舌是非紛擾而自行離職。經山人實証命主無誤。反證了前述流年命宮顯現之職場狀況，至於幾時能找到適合工作，咱們就繼續給他看下去吧。

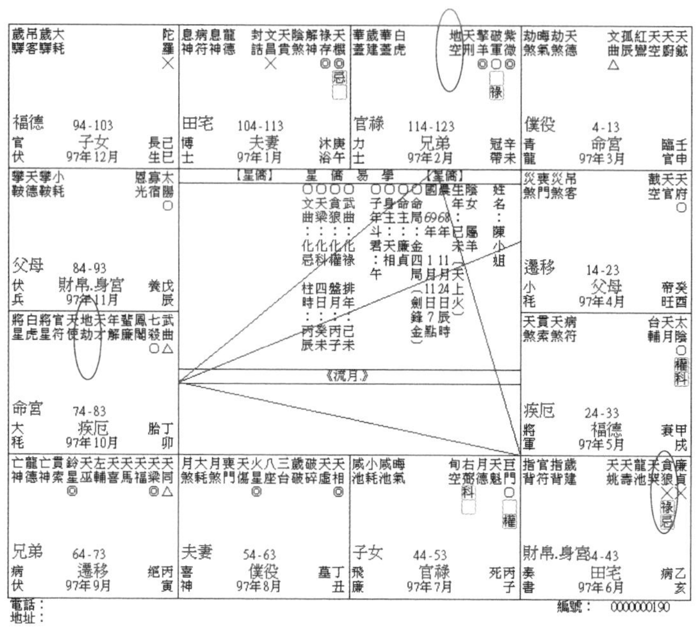

陳小姐 97 年 10 月流年 / 流月四化盤

以此盤而論，97年10月流月命宮會空劫，本有奔波勞碌無成之意味，流月官祿宮逢財宮貪狼祿轉忌會照，也會空劫，是故此時沒有求職成功機會。

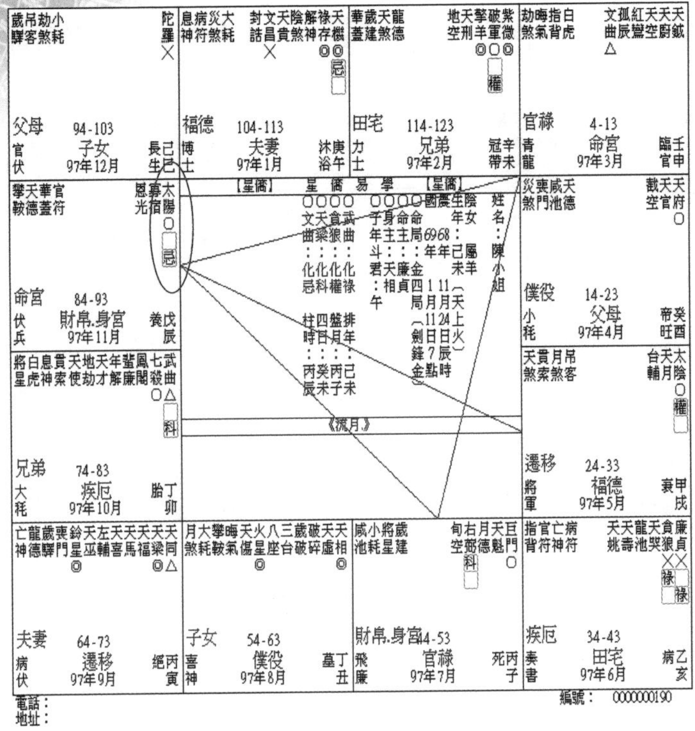

陳小姐 97 年 11 月流年 / 流月四化盤

以此盤而論，97年11月流月命宮逢化忌，流月官祿宮亦會化忌，是故縱有異動格局出現仍然沒有機會。

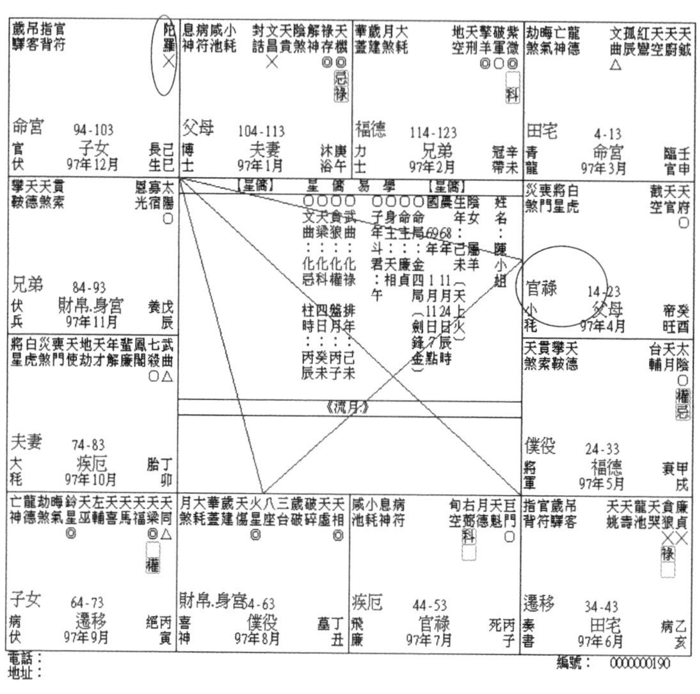

陳小姐 97 年 12 月流年 / 流月四化盤

以此盤而論，97年12月，流月命宮見煞星陀羅獨坐，陀羅主慢，遲滯，且官祿宮及命宮均不逢化權，故仍然沒有機會。

最後陳小姐在98年1月找到工作，雖說不甚滿意，但景氣不好，還是多擔待。

前有提到，找到工作的首要條件是本宮及官祿宮在大限、流年、流月均逢化權，形成疊權，故先以98年1月大限流年四化盤來看，命宮

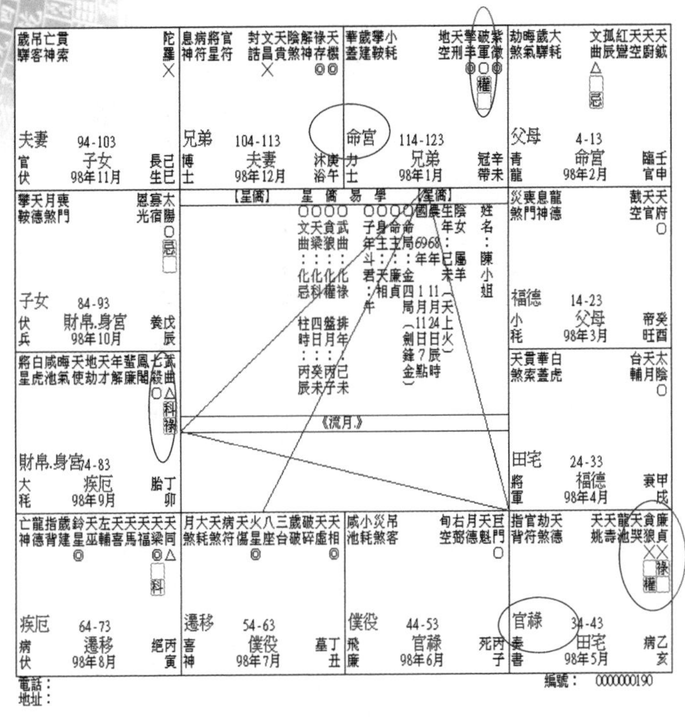

陳小姐 98 年 1 月大限 / 流年四化盤

逢大限破軍化權，流年逢貪狼化權，且逢化祿構成祿權巡逢局勢坐官祿宮會照入流月命宮形成疊權又疊祿。以流年流月四化來看，流月官祿宮化權會照入命，形成大限、流年、流月均於本命宮化權，是故求職能成，但同時會照化忌且逢煞及空劫，因此工作不論是在待遇或職階方面均不讓人滿意，不過時機不好，只有忍耐為上。

12-3 考運及公門格局問題實例分析

例1：張小姐，農曆74年1月14日亥時瑞生，三方昌曲廟旺拱照命宮，為文星暗拱格屬公門格局。

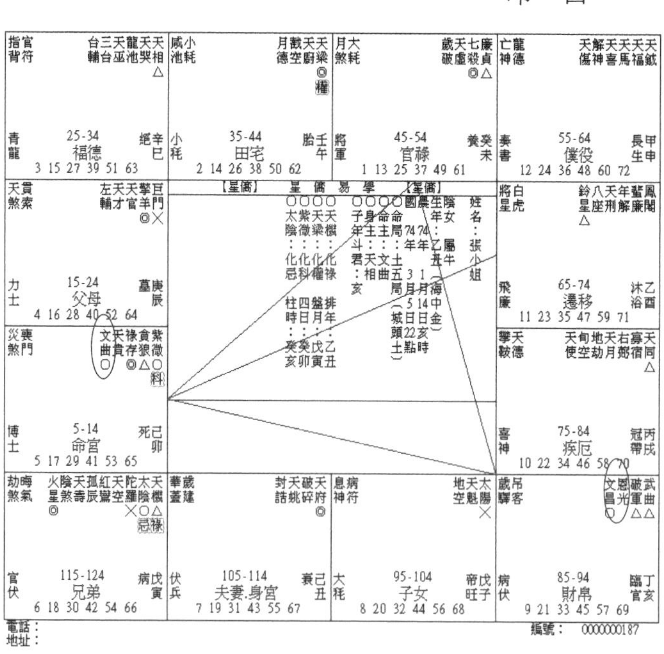

張小姐本命盤

例2：

陳小姐，農曆68年11月24日辰時瑞生，三方見魁鉞拱照命宮，為魁鉞拱命格，屬公門格局。

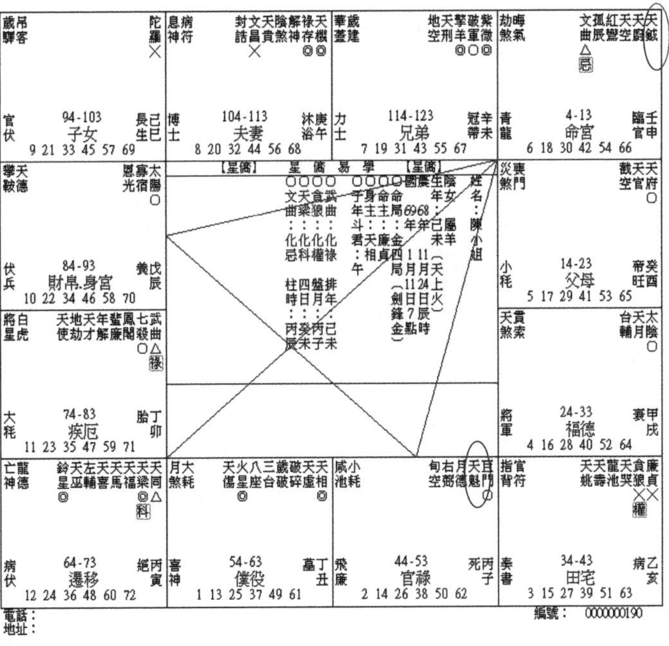

陳小姐本命盤

例3：

馬先生，農曆39年5月29日未時建生，命宮三方見太陽、天梁、文昌、化祿（祿存亦可）會照命宮，且居官祿宮，加上本命坐文曲，故此盤屬陽梁昌祿加文星暗拱格，屬公門格局，且多為高官之選為公門命格中最尊貴格局。

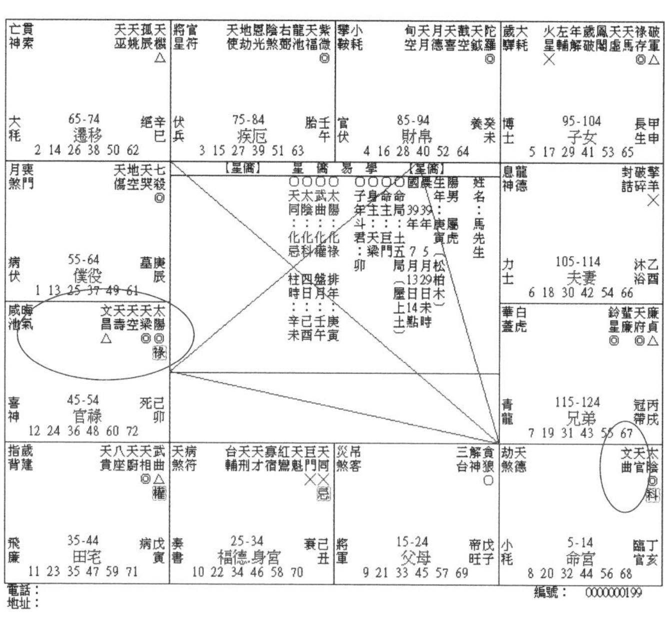

馬先生本命盤

例4：

陳小姐，農曆68年11月24日辰時瑞生，問98年己丑年公職考試之考運。

判識公職考試，首須注意命主本身是否具此格局，相對而言，如具公門格局，考取自然較不具備者來的容易。此盤逢天魁天鉞拱照，古曰：天魁天鉞，蓋世文章，故以本命盤看來命主具公門格局無誤。但可惜本命盤文昌、文曲均落陷，又化忌，古曰：昌曲在弱鄉，林泉冷淡，看來要多考幾次了。

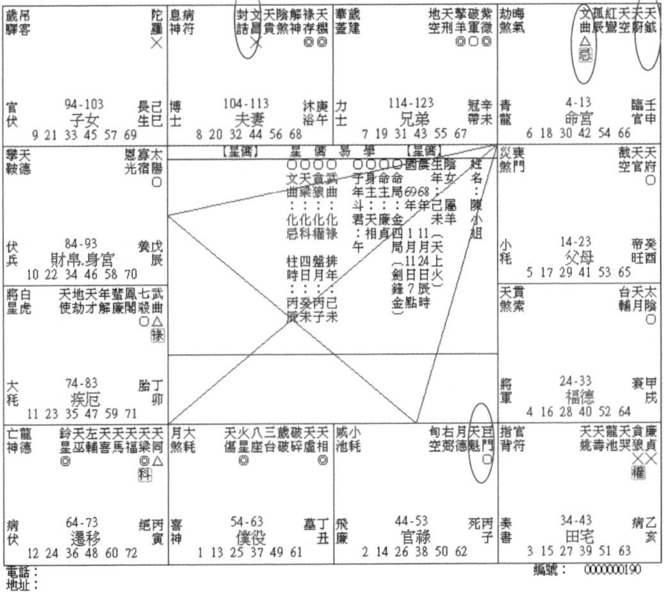

陀羅× 吊客 歲驛 己巳 長生 官伏 94-103 子女 9 21 33 45 57 69	天機◎ 祿存◎ 解神 陰煞 天貴 文昌× 封誥 病符 息神 庚午 沐浴 博士 104-113 夫妻 8 20 32 44 56 68	紫微◎ 破軍〇 擎羊◎ 天刑 地空 歲建 華蓋 辛未 冠帶 力士 114-123 兄弟 7 19 31 43 55 67	天鉞 天廚 天空 紅鸞 孤辰 文曲△忌 晦氣 劫煞 壬申 臨官 青龍 4-13 命宮 6 18 30 42 54 66
太陽〇 寡宿 恩光 天德 攀鞍 戊辰 養 伏兵 84-93 財帛.身宮 10 22 34 46 58 70	【星僑】星僑易學【星僑】 姓名：陳小姐 陰女：屬羊 生年：己未（天上火） 農68年11月24日辰時 國69年1月11日7點 命局：金四局（劍鋒金） 命主：廉貞 身主：天相 子年斗君：午 排盤四柱：年己未 月丙子 日癸未 時丙辰 〇武曲：化祿 〇貪狼：化權 〇天梁：化科 〇文曲：化忌		天府〇 天官 截空 喪門 災煞 癸酉 帝旺 小耗 14-23 父母 5 17 29 41 53 65
武曲△祿 七殺〇 鳳閣 蜚廉 年解 天才 地劫 天使 白虎 將星 丁卯 胎 大耗 74-83 疾厄 11 23 35 47 59 71			太陰〇 天月 台輔 貫索 天煞 甲戌 衰 將軍 24-33 福德 4 16 28 40 52 64
天同△科 天梁◎ 天福 天馬 天喜 左輔 天巫 鈴星◎ 龍德 亡神 丙寅 絕 病伏 64-73 遷移 12 24 36 48 60 72	天相◎ 天虛 破碎 歲破 三台 八座 火星◎ 天傷 大耗 月煞 丁丑 墓 喜神 54-63 僕役 1 13 25 37 49 61	巨門〇 天魁 月德 右弼 旬空 小耗 咸池 丙子 死 飛廉 44-53 官祿 2 14 26 38 50 62	廉貞× 貪狼×權 天哭 龍池 天壽 天姚 官符 指背 乙亥 病 奏書 34-43 田宅 3 15 27 39 51 63

電話：
地址：
編號：　0000000190

陳小姐本命盤

陳小姐年紀31歲，故大限命宮走24-33，官祿宮逢化科，且三方四正昌曲拱照，加上本命具公門格，是故如參加考試確有上榜機會，但可惜盤中昌曲皆落陷，又逢文昌化忌，因此可能要考多次一點，正所謂：昌曲居弱鄉，林泉冷淡，正好反證了本命盤昌曲落陷的事實，如從流年逐年分析便可得知。

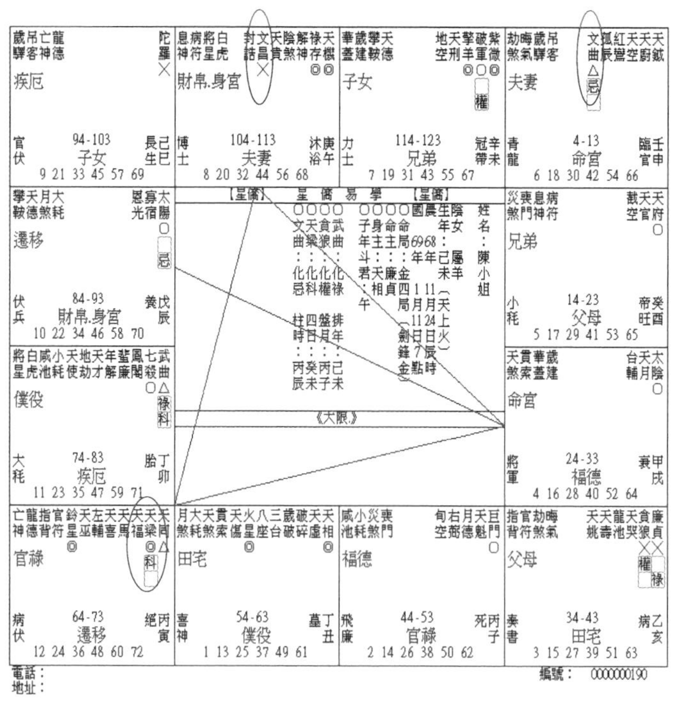

陳小姐本命／大限四化盤

98年為己丑年，流年命宮居丑，流年官祿宮不見化科，本命宮又不逢昌曲拱照，因此上榜機率比較小，考運也比較差。

<table>
<tr>
<td>歲吊指官　陀
驛客背符　羅
×
官祿
94-103
官　子女　長己
伏　102年 35歲　生巳</td>
<td>息病咸小　封文天陰解祿天
神符池耗　誥昌貴煞神存鉞
×　◎◎
僕役
104-113
博　夫妻　沐庚
士　103年 36歲　浴午</td>
<td>華歲月大　地天擎破紫
蓋建煞耗　空刑羊軍微
◎○◎
權
遷移
114-123
力　兄弟　冠辛
士　104年 37歲　帶未</td>
<td>劫晦亡龍　文孤紅天天天
煞氣神德　曲辰鸞空廚鉞
△
忌
疾厄
4-13
青　命宮　臨壬
龍　105年 38歲　官申</td>
</tr>
<tr>
<td>擎天天貫　恩寡太
鞍德煞索　光宿陽
○
忌
田宅
84-93
伏　財帛.身宮　養戊
兵　101年 34歲　辰</td>
<td colspan="2" rowspan="2">【星僑】　星　僑　易　學　【星僑】
○○○○　○○○○○國農生陰　姓
文天貪武　流子身命命　年女　名
曲梁狼曲　年年主主局6968：　：
：：：：　斗斗：：：年年己屬　陳
化化化化　君君天廉金　未羊　小
忌科權祿　：：相貞四 1 11（　姐
未午　局月月天
柱四盤排　（1124上
時日月年　劍日日火
：：：：　鋒7辰）
丙癸丙己　金點時
辰未子未　）
《流年》</td>
<td>災喪將白　截天天
煞門星虎　空官府
○
財帛.身宮
14-23
小　父母　帝癸
耗　106年 39歲　旺酉</td>
</tr>
<tr>
<td>將白災喪天地天年蜚鳳七武
星虎煞門使劫才解廉閣殺曲
○△
科
祿
福德
74-83
大　疾厄　胎丁
耗　100年 33歲　卯</td>
<td>天貫擎天　台天太
煞索鞍德　輔月陰
○
子女
24-33
將　福德　衰甲
軍　107年 40歲　戌</td>
</tr>
<tr>
<td>亡龍劫晦鈴天左天天天天天
神德煞氣星巫輔喜馬福梁同
◎　◎△
科
父母
64-73
病　遷移　絕丙
伏　99年 32歲　寅</td>
<td>月大華歲天火八三歲破天天
煞耗蓋建傷星座台破碎虛相
◎　◎
命宮
54-63
喜　僕役　墓丁
神　98年 31歲　丑</td>
<td>咸小息病　旬右月天巨
池耗神符　空弼德魁門
○
兄弟
44-53
飛　官祿　死丙
廉　109年 42歲　子</td>
<td>指官歲吊　天天龍天貪廉
背符驛客　姚壽池哭狼貞
××
祿
權
夫妻
34-43
奏　田宅　病乙
書　108年 41歲　亥</td>
</tr>
</table>

電話：　　　　編號：　000000190
地址：

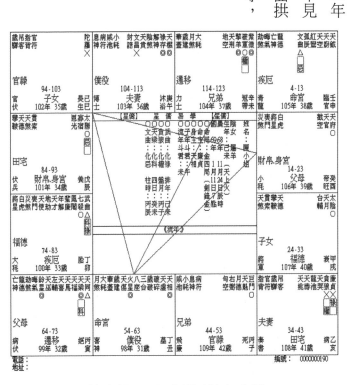

陳小姐 98 年大限 / 流年命盤

99年為丙寅年，故流年宮位在寅宮，流年命宮見昌曲拱照，且太陰化科會照入流年命宮及官祿宮，是故99年考運較佳，但昌曲依然落陷，是故只要多努力一點，應該有上榜的機會，畢竟考試論的是實力，所以此解盤僅供問命者參考，有好命格不肯讀書，也是惘然，沒有好命格，肯努力讀書，誰說他沒格局考不上公職，是故論命者不應太過於宿命論，否則台灣數十萬名公務員，豈不每個人都有公門命格嗎？

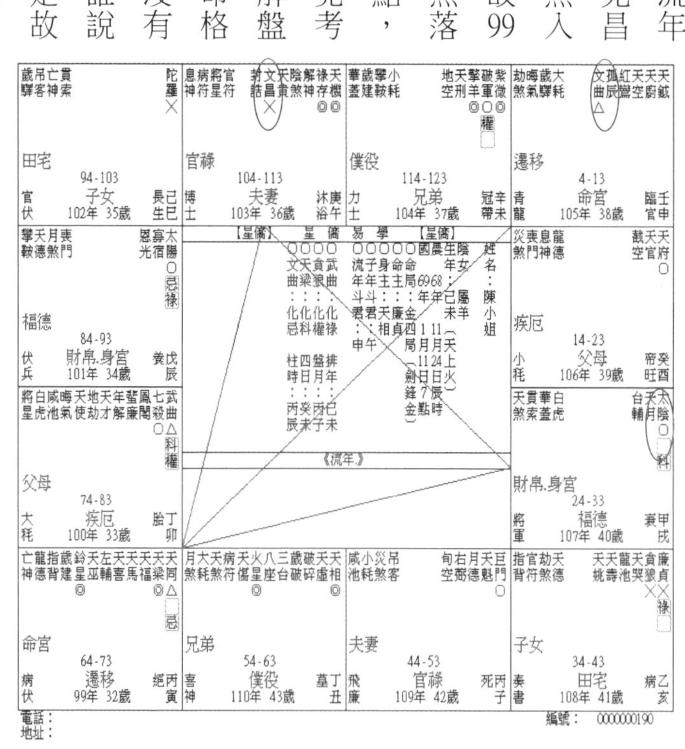

陳小姐 99 年大限 / 流年命盤

例1：

王先生 農曆62年6月2日未時建生，本命盤如下：

一生有錢與否，首看府祿相三合且庫（田宅）不逢空，本例中，祿存坐命，基本上此類型屬小氣財神，加上府(庫)、祿(財)、相(印)三合，有府有庫，又於財宮相會，如不考量星宿影響基

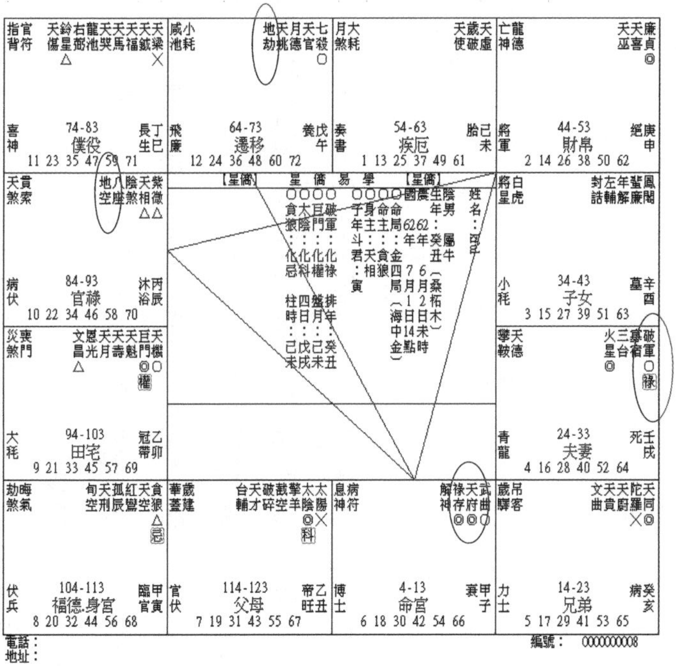

天梁× 天鉞 天福 天馬 天哭 龍池 右弼 鈴星△ 天傷 官符 指背 長生 丁巳 74-83 僕役 喜神 11 23 35 47 59 71	七殺○ 天官 月德 天姚 地劫 小耗 咸池 養 戊午 64-73 遷移 飛廉 12 24 36 48 60 72	天虛 歲破 天使 大耗 月煞 胎 己未 54-63 疾厄 奏書 1 13 25 37 49 61	廉貞◎ 天喜 天巫 龍德 亡神 絕 庚申 44-53 財帛 將軍 2 14 26 38 50 62
紫微△ 天相△ 陰煞 八座 地空 貫索 天煞 沐浴 丙辰 84-93 官祿 病伏 10 22 34 46 58 70	【星僑】 星僑易學 【星僑】 姓名：[illegible] 陰男 屬牛（桑柘木） 生年：癸丑 農曆：62年6月2日未時 國曆：62年7月1日14點 命局：金四局（海中金） 命主：貪狼 身主：天相 子年斗君：寅 破軍：化祿 巨門：化權 太陰：化科 貪狼：化忌 四柱排盤 年：癸丑 月：己未 日：戊戌 時：己未		鳳閣 蜚廉 年解 左輔 封誥 白虎 將星 墓 辛酉 34-43 子女 小耗 3 15 27 39 51 63
天機○ 巨門◎權 天魁 天壽 天月 恩光 文昌△ 喪門 災煞 冠帶 乙卯 94-103 田宅 大耗 9 21 33 45 57 69			破軍○祿 寡宿 三台 火星◎ 天德 攀鞍 死 壬戌 24-33 夫妻 青龍 4 16 28 40 52 64
貪狼△忌 天空 紅鸞 孤辰 天刑 旬空 晦氣 劫煞 臨官 甲寅 104-113 福德.身宮 伏兵 8 20 32 44 56 68	太陽× 太陰◎科 擎羊 截空 破碎 天才 台輔 歲建 華蓋 帝旺 乙丑 114-123 父母 官伏 7 19 31 43 55 67	武曲○ 天府◎ 祿存◎ 解神 病符 息神 衰 甲子 4-13 命宮 博士 6 18 30 42 54 66	天同◎ 陀羅× 天廚 天貴 文曲 吊客 歲驛 病 癸亥 14-23 兄弟 力士 5 17 29 41 53 65

電話：
地址：
編號： 000000008

王先生本命盤

本上此人擅於存錢，加上田宅宮雖不見祿，但亦不會煞，尚算穩定。見化權表示掌握錢財的主導權，反證了本命宮看來小氣財神的特性。所以應該頗為富裕。但可惜的是三方亦會地空、地劫，所以求財辛苦波折，而且自己雖然很會存錢，但總是存不下來，不是被騙就是投資失利。這都是地空地劫帶來的影響。而且以此人小氣成性來看，必定是省小錢賠大錢。以夫妻宮組合來看，桃花匯聚再會空劫，必定因女色而破大財，而雙祿夾兄弟宮，因此對親兄弟照顧有佳，往往也是導致破財的原因。故命主只要不要亂投資，戒之在色，避免地空、地劫兩顆土匪星的影響。以本命盤田宅宮看來，雖無大富之有，但小富可也。

例2：

沈小姐，農曆69年1月17日午時瑞生，本命盤如下：

本例中，祿存入命，援例亦為小氣財神，但府相不會祿，無大富可言，，財宮又逢天同化忌正坐，天同為福星，故錢大都花在自己享樂身上，如買名牌包、名牌衣等。而田宅宮（財庫）又逢對宮空劫射入，更是財來財去空歡喜。加上雙祿夾兄弟宮，表示命主除了捨得花錢在自己身上外，對兄弟的照顧也不遺餘力，此盤最可惜的就是太陽化祿，古曰：太陽居午無煞湊，為富甲一方的格局，但可惜太陽化祿並不表示財，有時反主破財。

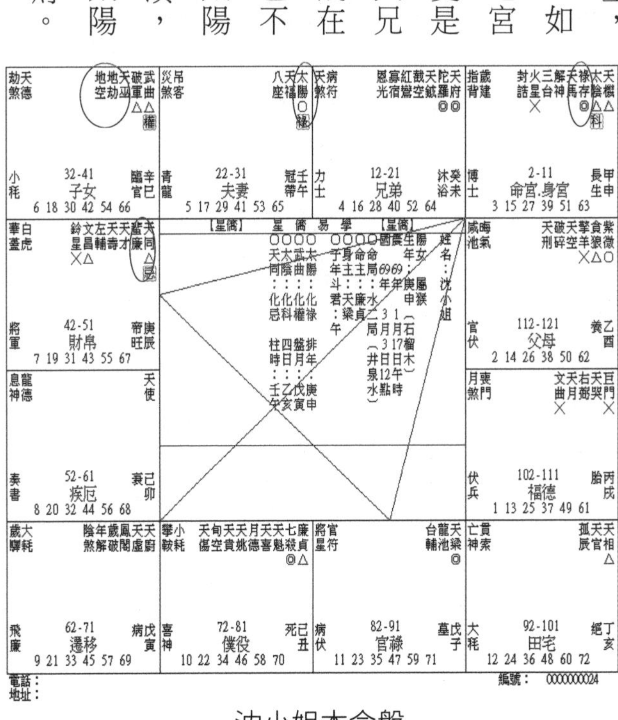

沈小姐本命盤

例3：

某先生，農曆39年2月19日丑時建生，31歲中愛國獎券第一特獎，32歲又連莊中頭獎，本命盤如下：

所謂橫財格，就是指火貪、鈴貪組合入命、財、田三宮，此立命主本命三方四正火貪格成立，又會本命祿存，且本命宮三方四正見天貴、恩光，此兩雜曜主獎賞獎勵性質，搭配本命宮火貪格，

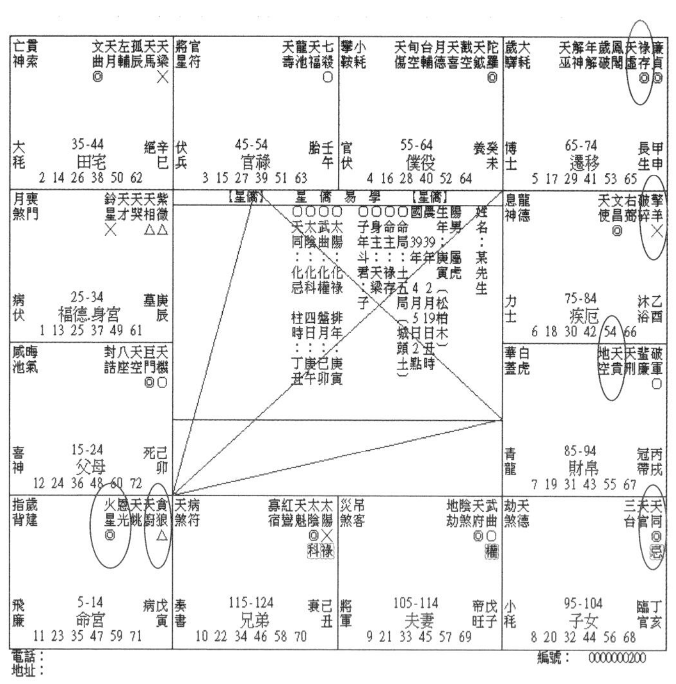

某先生本命盤

更是橫財運無人能敵。所以連中獎也能連莊。但逢地空來襲，故得中有失，此點從其田宅宮（財庫）煞忌齊臨，但又會本命化祿的精采情形，可見一班。不過橫財嗎，不都是怎樣來就怎樣去嗎？別眼紅呦。命裏有時終須有，命裏無時莫強求。話不多說，咱們來檢視31歲中大獎時的命盤吧。

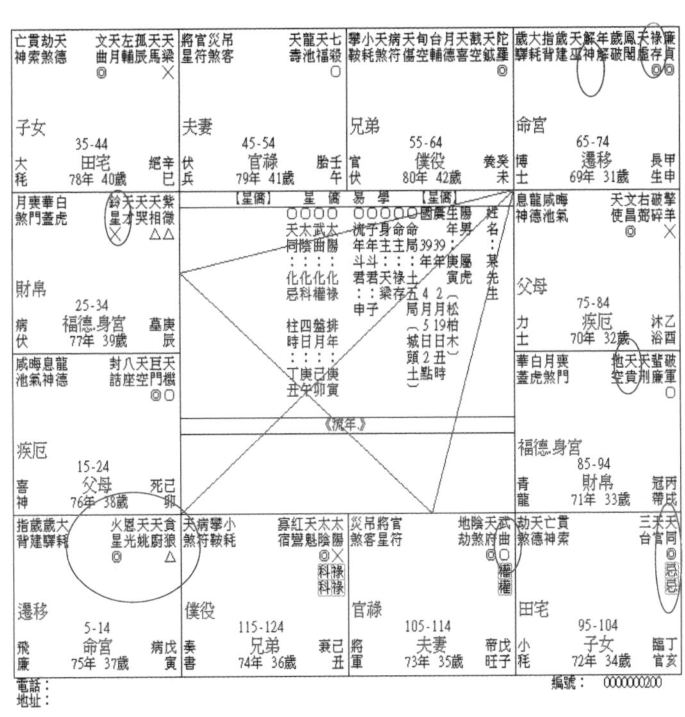

某先生 31 歲流年盤

此時流年命宮位於申宮，對宮火貪橫財格射入，三方四正又購成鈴貪格，雙橫財格局出現於流年命宮，又逢財星武曲化雙權會照，加上流年命宮逢、恩光，遷移宮逢天貴、恩光互拱，為出外發財之局，且命宮又逢天巫，此類型雜曜均主受贈之財。又本命祿引動此無敵橫財格局，是故中第一特獎。記得愛國獎券第一特獎是兩百萬，在當時而言可是一筆大錢。但田宅宮化雙忌，沒錯的話，大概也是怎樣來怎樣去阿，反證了本命盤顯現的狀況。有財無庫，可歎。

了然山人 老師
星命學速成班招生中

想要在短期內快速學成＜**七政四餘**＞及＜**西洋占星術**＞嗎？只要 3 天 8 小時，就能讓你擁有一日吉凶的精準度。

不需要任何易學基礎，不用抄，不用背，了然山人老師的正統美式教學，讓你輕鬆成爲命學高手。

不用擔心學不學得會，了然山人老師首創滿意保證承諾，如果課程結束，無法達到以下兩點教學目標，學費全額退還。

1. 能以七政四餘（改良版）或西洋占星術論斷本命盤 12 宮。
2. 能以七政四餘（改良版）或西洋占星術論斷流年，流月，流日吉凶。

本課程採用一對一傳授，讓你徹底了解吸收，上課地點在台北車站附近，歡迎加入山人的 email:bny9779@gmail.com 了解報名。

術傳有緣，希望我們有師生的緣分

了然山人

附錄一　太極的天文科學原理

宋朝著名理學家周敦頤在「太極圖說」中有云：由無極而生太極。而無極的概念，來自於老子的《道德經》……常德不忒，復歸於無極。因此無極的概念源自老子。

而無極，指的是一切空無的狀態，爾後天地間氣體開始擴散，氣輕者往上形成天，氣濁者往下形成地，天地在這個時候已然成型，但還是一片氣體混沌狀態，再來就是日、月兩儀開始成形，交替運行。

由於地球自轉軸傾斜 23.5 度，因此出現了晝夜長短的變化，我們通常把太極黑的一半視為黑夜，白的一半視為白天，白色的圓點視為月亮，黑色的圓點視為太

無極

太極

陽。如果我們如果我們以日晷來觀察晝夜長短的變化，便可從這個太極圖的黑白變化中，區分出四個點，第一個點稱之為「春分」，此時晝夜等長。從這個起點開始，白天的逐漸變長，黑夜逐漸變短，一直延伸第二個凹陷的點，稱為「夏至」，此時晝長夜短到了一個極點。又從這個點開始，逐漸晝短夜長，到了圓的中點，此時也就是晝夜等分的狀況，稱之為「秋分」。爾後晝逐漸短，夜逐漸長，到了第二個突起點，剛好是晝短夜長的極點，稱之為「冬至」。經過這個點之後，日夜逐漸等長，到圓的最後一個點，也是一開始的起點「春分」點。這個晝長夜短的變化造成了四季，也就是二十四節氣中的春分、夏至、秋分、冬至的四個主要的氣候變化點。

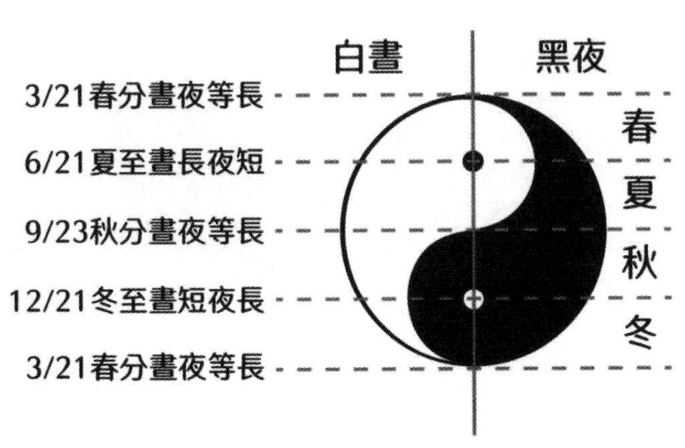

兩儀生四象示意圖

四季產生了，我們根據這個晝夜變化的模式，再細分為四立點：也就是二十四節氣的：立春、立夏、立秋、立冬，把上一節提到的「二分二至點」還有「四立點」，以八個符號作代表，稱之為「八卦」。

這就是易經云：由無極而生太極，太極而生兩儀（日月），兩儀生四象（春夏秋冬），四象生八卦（二分二至加四立）背後隱含的天文科學含意。事實上太極符號中間這條S型曲線，就是我們熟知的「黃道」，也就是地球繞行太陽的軌道。

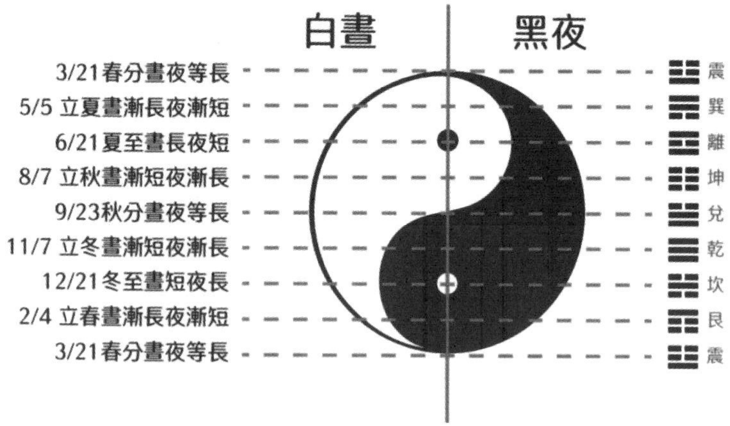

四象生八卦示意圖

在我們清楚了中國人的宇宙觀，是

否發現，這個無極生太極的以及宇宙星體生成的太極理論，跟西方普遍被接受描述宇宙起源與演化的「大爆炸理論」(BigBang) 中指出：宇宙是在過去有限的時間之前，由一個密度極大且溫度極高的狀態演變而來的，並經過不斷的進化到達今天的狀態完全一致呢？

也驗證了山人一再強調的一段話：我們看到的，是同一個宇宙，同一個星空，中西方看的不可能有不同，差別只在名詞還有描述方式，如果中西方有不同的看法，那麼必定一方有錯誤，因為真相只有一個，事實也只有一個，不是嗎？

附錄二　中國曆法制度

曆法，是人類用以計算年、月、日的方法，一般區分為三種，第一種是以地球繞行太陽軌跡為基礎所設的曆法，稱之為「陽曆」，是目前全世界通用的曆法，又稱為格理曆 (Gregorian calendar)；第二種是以月球繞行地球的軌跡為基礎所設的曆法，稱之為「陰曆」；另一種是以「陰曆」為主體同時考慮「陽曆節氣」的綜合型曆法，稱之為「陰陽合曆」。

那麼中國的曆法，也就是俗稱的「農民曆」，到底屬於哪一種？我想90％以上的人會回答「陰曆」。這個答案，算是對了一半。在中國，曆法除了計月與計日的基本功能之外，最重要的功能就是作為農耕指導用。而農耕的基礎必須建立在四季的變化之上。造成地球產生季節變化是因為地球傾斜23.5度，當地球到春分點0度時，這時候太陽直射赤道，所以北半球晝夜等長；當地球公轉到夏至點90度時，由於太陽直射北回歸線，所以北半球晝長夜短；到秋分點180度時，由於太陽又直射赤道，所以北半球的晝夜又回復等長的狀態；到冬至點 270 度時，由於太陽直射南迴歸線，所以北半球晝短夜長。這就是四季變化的成因。

在中國，又把四季變化的這條運行軌道（又稱為黃道）細分為二十四個點，稱之為「二十四節氣」。既然四季變化與節氣的產生是導因於太陽與地球的關係，自然與以月球運行軌跡為基礎的陰曆，毫無關聯。因為這條軌道（又稱為白道），並不會產生地球的季節變換的，當然無法作為農耕指導用，不

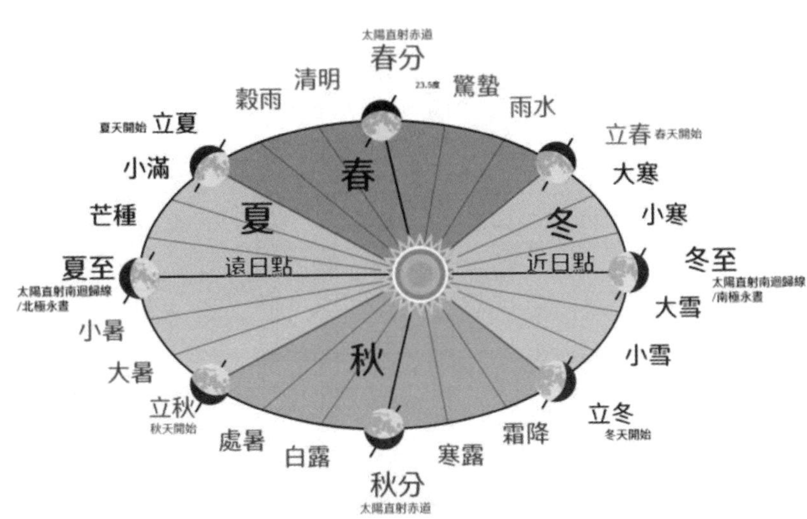

日照變化與二十四節氣

是嗎？

所以聰明的中國人就把這兩種曆法，合而為一。以陰曆作為計日基礎，所以有潤月的產生。若遇到陽曆的節氣日期，就直接標定那一天為節氣日，這種綜合型曆法，稱之為「陰陽合曆」。

簡單來說，不管農曆日期是怎麼算，只要遇到陽曆的節氣日期，直接就標定那一天是這個節氣。因為，節氣是源於「陽曆」而生的曆法制度。因此每年農曆的清明，永遠在陽曆的4月4日或4月5日，懷疑的朋友不妨自己去查證，就知道了。而陰陽合曆，正好也符合中國傳統陰陽調和的概念，可以說「陰陽合曆」的概念與精神，是完全符合中國傳統民情的一種曆法，一種文化。

附錄三　西洋十二星座與二十四節氣

看到這標題，我想很多人會感到困惑，這兩者之間，到底有甚麼關係？甚至很多人會否定這兩者之間的關聯。但事實上，誠如山人一直說的：不管東西方，甚至是遠古十億年前的恐龍，我們住的是同一個地球，看的是同一個天空，不可能東方看的與西方看的有差異。

如果有，那肯定是一方有誤。因為，真相只有一個。真理，也只會有一個。要釐清這一點，首先就要從最根本的成因來討論，茲就「西洋十二星座」與「二十四節氣」的原理及成因分述如下：

1. 十二星座

十二星座是依據地球繞行太陽的軌道來劃分，又稱為「黃道十二宮」。其基本原理是將這條軌道（又稱為黃道）視為一個圓，圓周長為360度，地球在這條軌道上每繞太陽公轉一度視為一天，並將其等分為十二個區塊（或稱為十二宮），是故每宮為30度(360/12=30，也可視為30天)。依此區劃定義出12個星座(宮)，自春分點起算依序為：白羊座、金牛座、雙子座、巨蟹座、獅子座、處女座、天平座、天蠍座、射手座、摩羯座、水瓶座及雙魚座。

2. 二十四節氣

二十四節氣主要是用在農耕指導上，我們都知道所以基本上也是地球繞行的軌跡，因為地球傾斜23.5度且繞行太陽公轉，由於日照不同的關係，因此產生了四季變化。

星座標誌	星座名稱	英文名稱	出生日期(陽曆)
♈	白羊座	Aries	03月21日-04月20日
♉	金牛座	Taurus	04月21日-05月21日
♊	雙子座	Gemini	05月22日-06月21日
♋	巨蟹座	Cancer	06月22日-07月22日
♌	獅子座	Leo	07月23日-08月22日
♍	處女座	Virgo	08月23日-09月22日
♎	天秤座	Libra	09月23日-10月23日
♏	天蠍座	Scorpio	10月24日-11月22日
♐	射手座	Sagittarius	11月23日-12月21日
♑	魔羯座	Capricorn	12月22日-01月20日
♒	水瓶座	Aquarius	01月21日-02月19日
♓	雙魚座	Pisces	02月20日-03月20日

而這條影響地球氣候變動的軌道，又稱為「黃道」。一樣將其視為一個圓，圓周長360度，等分為24區間，所以每15度視為一個節氣(360/24=15，每度視為一天，故亦可視為每15天一節)，因此產生了中國的二十四節氣，分別為：立春、雨水、驚蟄、春分、清明、穀雨、立夏、小滿、芒種、夏至、小暑、大暑、立秋、處暑、白露、秋分、寒露、霜降、立冬、小雪、大雪、冬至、小寒及大寒。

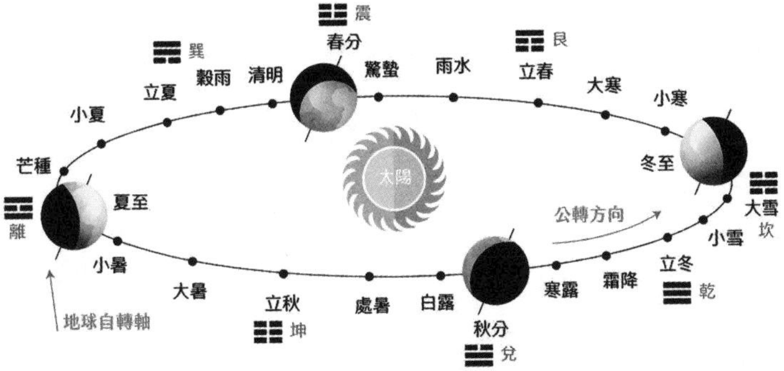

春季	日期	夏季	日期	秋季	日期	冬季	日期
立春	2月3/5日	立夏	5月5/7日	立秋	8月7/9日	立冬	11月7/8日
雨水	2月18/20日	小滿	5月20/22日	處暑	8月22/24日	小雪	11月22/23日
驚蟄	3月5/7日	芒種	6月5/7日	白露	9月7/9日	大雪	12月6/8日
春分	3月20/22日	夏至	6月21/22日	秋分	9月22/24日	冬至	12月21/23日
清明	4月4/6日	小暑	7月6/8日	寒露	10月8/9日	小寒	1月5/7日
穀雨	4月19/21日	大暑	7月22/24日	霜降	10月23/24日	大寒	1月20/21日

經過以上的分析，是否可以發現，這兩個乍看之下沒有交集的兩個名詞，是否有一定的關連性呢?因為他們的基礎都是建立在地球繞行太陽的軌道，也就是「黃道」。差別只在一個是以30度切分，一個是以15度切分而已，不是嗎?所以當我們把這兩個的日期做比對，就能更清楚知道這個關連了。

例如西洋十二星座中的白羊座日期是從 3/21 至 4/20 日，在黃道度數為0～30度的區間；而二十四節氣中的春分到穀雨，也是 3/21 至 4/20 日。(註：有時候會差個1～2度(天)，必須以星曆為準)，當您一個個的核對日期，就能更清楚的明白其間的關連了。

因此，山人經常打趣的說，其實，算命也可以用二十四節氣呢。為什麼?因為他跟十二星座原理是相同的，一個星座等於兩個節氣區間，只要把十二星座的名詞改成節氣，套用西洋十二星座的分析內容，自然就能創出一套獨特的「節氣算命術」。

不相信嗎?那我們舉個例子吧！二十四節氣中的春分到穀雨對應的是西洋十二

星座的白羊座，因此只要是春分到穀雨這段期間出生的人，都會有白羊座的特性。只要我們把西洋十二星座中有關白羊座的個性描述，套用到春分到穀雨這兩個節氣的解釋中，不就得了嗎？如果學過山人的七政四餘，只要再把七政星曜安上，豈不變成七政節氣論命法了嗎？

這就是一理通，萬理通。把原理弄清楚了，自然就能舉一反三，通達無礙。就如同山人在七政四餘／西洋占星（改良版）的課程裏特別強調：不用抄、不用背，保證你能在3天8小時內速成，同時精通中西兩門星命學的道理，也歡迎希望在短時間內快速學成的朋友E-mail山人報名。

E-mail：bny9779@gmail.com

附錄四　太歲的由來與成因

說到太歲，相信是讓人又擔心又害怕。好像是每幾年就會沖犯到一次。當然有很多人認為那是一種迷信，但山人要肯定的告訴你，太歲的信仰，絕對不是迷信，而是真有其事，否則我們怎麼能用七政四餘推算出犯太歲的時間呢？既然太歲是真的，那麼太歲到底又是甚麼呢？其實他就是「木星」。

木星，古稱「歲星」，由於木星繞行太陽一周天約略是12年，所以古人把這個周期與12地支對應用來計年，是故此法又稱為「歲星紀年法」。

至於十二地支紀年法，相信大家都不陌生。由於民間習慣以12生肖來對應十二地支，因此有了：子（鼠），丑（牛），寅（虎），卯（兔），辰（龍），巳（蛇），午（馬），未（羊），申（猴），酉（雞），戌（狗），亥（豬），又稱為「12生肖紀年法」。

十二生肖紀年法

有了這些概念，那我們就來討論，到底太歲指的是甚麼？為什麼跟他沖犯到就會有倒楣不幸的事情發生呢？如果按照一般書上的標準解釋：是中國古代天文和占星中虛擬的一顆與歲星（木星）相對並相反運行的星。但真的是這樣嗎？古人真的會無聊到虛擬一顆帶來災難的星嗎？

站在星命學的角度，一顆虛擬的星，又怎可能帶來災難呢？這也是很多人懷疑太歲是假的，是騙人的主因啊！因為我們自己都說是虛擬的，又怎能讓普羅大眾相信真的有「太歲」存在呢？其實大家研究星學那麼久，這個重點一定要記住「只有真的星曜才會帶來吉凶禍福，因為彼此之

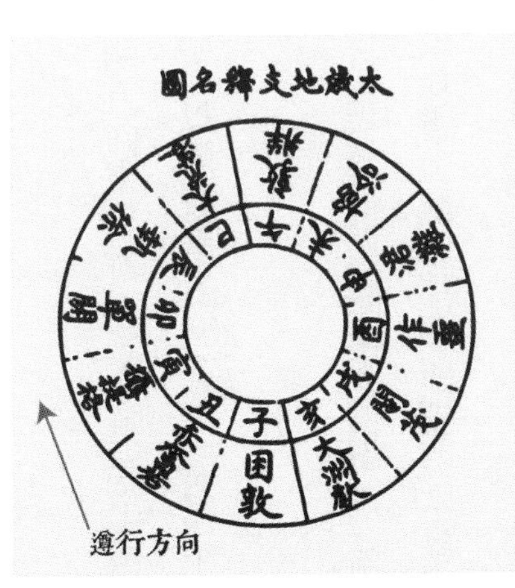

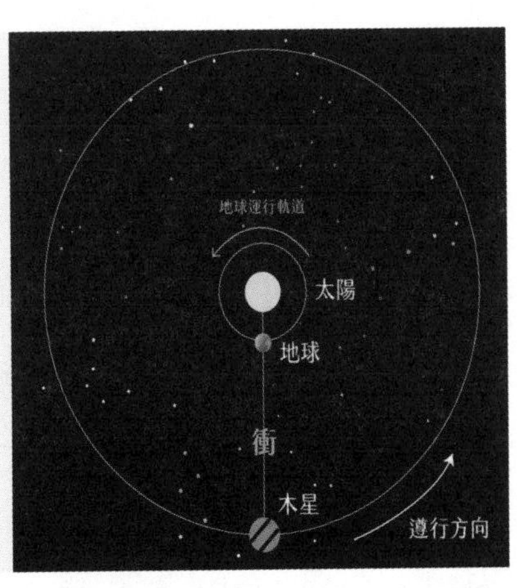

地支紀年與木星運行方向對照圖

間引力（重力）或頻率影響所致」。

歲星既然指的是木星，那麼我們就必須從這個方向來思考，到底哪兒出錯了。其實答案很簡單，因為視運動軌跡影響，所以中國是以順時針方向「東向西」紀年。但實際上，木星是逆時針「西向東」運行。

如上圖所示，當我們將兩者做個對照後就可以發現這個問題，中國地支方向（順時針）與真實木星公轉的方向（逆時針）不符。所以書上紀載那顆所謂與木星相反方向虛擬的星，才是真正的木星。

舉例來說，按照中國的歲星計年法，子年（鼠年）木星應該在子宮；但因為中國計年是順行，而實際上木星是逆行，所以子年（鼠）的時候，木星在丑；午（馬）年，木星在未；卯（兔）年，木星在戌；辰（龍）年，木星在酉；巳（蛇）年，木星在申。

這順序有很熟嗎？子丑合，午未合，卯戌合，辰酉合，巳申合，寅亥合。這就是造成地支六合現象的原因之一。

所以當你與值年木星呈現不調合相位，就稱之為「犯太歲」；又如果，你與值

年木星成調和相位，稱之為「合歲星」那可是吉祥如意，諸事順心呢。舉例來說如果你屬龍，又遇到龍年，其實你根本沒有犯太歲。反而是合太歲的大吉之年，因木星在占星學上主貴人、機遇、升遷，因此當你與歲星相合時那可是好運的呢。所以當日後遇到你的「本命太歲年」的時候，除了要安太歲平安燈之外，也別忘了要加點一盞發財燈，祈求神明加持，讓自己更順利，財源廣進，諸事大吉。

國家圖書館出版品預行編目資料

自學紫微斗數，看完這本就會算 / 了然山人著.
－－第一版－－臺北市：知青頻道出版；
紅螞蟻圖書發行，2023.05
面　；　公分－－(Easy Quick；199)
ISBN 978-986-488-244-1（平裝）

1.CST：紫微斗數

293.11　　　112006231

Easy Quick 199

自學紫微斗數，看完這本就會算

作　　者／了然山人
發 行 人／賴秀珍
總 編 輯／何南輝
校　　對／周英嬌、了然山人
美術構成／沙海潛行
封面設計／引子設計
出　　版／知青頻道出版有限公司
發　　行／紅螞蟻圖書有限公司
地　　址／台北市內湖區舊宗路二段121巷19號(紅螞蟻資訊大樓)
網　　站／www.e-redant.com
郵撥帳號／1604621-1　紅螞蟻圖書有限公司
電　　話／(02)2795-3656（代表號）
傳　　真／(02)2795-4100
登 記 證／局版北市業字第796號
法律顧問／許晏賓律師
印 刷 廠／卡樂彩色製版印刷有限公司
出版日期／2023年 5月　第一版第一刷

定價 320 元　港幣 107 元

ISBN　978-986-488-244-1　　　Printed in Taiwan